Der Absolutismus

24 Arbeitsblätter
mit didaktisch-methodischen Kommentaren

Sekundarstufe I

von
Gerhart Maier/Hans Georg Müller

Ernst Klett Verlag für Wissen und Bildung
Stuttgart · Dresden

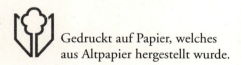

Gedruckt auf Papier, welches
aus Altpapier hergestellt wurde.

Die Deutsche Bibliothek – CIP-Einheitsaufnahme

Maier, Gerhart:
Der Absolutismus : 24 Arbeitsblätter mit didaktisch-
methodischen Kommentaren ; Sekundarstufe I / von Gerhart
Maier/Hans Georg Müller. - 1. Aufl. - Stuttgart ; Dresden :
Klett, Verl. für Wissen und Bildung, 1995
  (Arbeitsblätter Geschichte)
  ISBN 3-12-927881-8

1. Auflage 1995
Alle Rechte vorbehalten.
© Ernst Klett Verlag für Wissen und Bildung GmbH, Stuttgart 1995
Umschlaggestaltung: BSS Werbeagentur Sachse und Partner, Bietigheim
Druck: Wilhelm Röck, Weinsberg. Printed in Germany.
ISBN 3-12-927881-8

Arbeitsblätter

Einführung

Die Bedeutung des Absolutismus für den Geschichtsunterricht und die historische Bildung ist unbestritten. Kein Geschichtslehrplan und kein Unterrichtswerk für das Fach Geschichte verzichtet – zumindest für die Sekundarstufe I – auf diese Epoche. Für den hohen Stellenwert des Themas lassen sich gewichtige Gründe anführen:

– Zentralisierung der Macht, Rationalität des Staatsaufbaus und Rigorosität bei der Durchsetzung des monarchischen Herrschaftsanspruchs kommen der Erwartungshaltung und dem Interesse der Schülerinnen und Schüler an Transparenz und Anschaulichkeit entgegen.

– Der Charakter einer Übergangsepoche – mittelalterlich-ständische Elemente stehen neben modernen Ansätzen staatlicher Verwaltung – bietet die Möglichkeit, im Unterricht die Prozeßhaftigkeit von Lebensformen und Institutionen geradezu exemplarisch zu demonstrieren.

– Wirtschaftsgeschichtlich ist die Epoche des Absolutismus deshalb von großer Bedeutung, weil in ihr die Fundamente für die gewerbliche Wirtschaft erheblich verbreitert worden sind; der staatlich geförderte Ausbau des Manufakturwesens hat die Entwicklung des Frühkapitalismus beschleunigt. Wirtschaftsliberale Forderungen am Ende des 18. und während des 19. Jahrhunderts bleiben ohne die Kenntnis merkantilistischer Reglementierung der Wirtschaft unverständlich.

– In doppelter Hinsicht ist das Zeitalter des Absolutismus als Vorgeschichte des modernen Staates wichtig, weil sich damals die Grundlagen heutiger staatlicher Ordnung herausbildeten (moderne Verwaltung, Rechts- und Fiskalwesen, staatliches Gewaltmonopol) und weil andererseits in der Auseinandersetzung mit dem Absolutismus (fürstlicher Souveränitätsanspruch, Vorenthaltung von Gleichberechtigung und Partizipation, ständestaatliche Ordnung) die Wurzeln der liberalen und demokratischen Gesellschaft der Gegenwart zu finden sind.

Im Unterricht der Sekundarstufe I können die vielfältigen Erscheinungsformen des Absolutismus nicht thematisiert werden. Deshalb ist eine eindeutige Schwerpunktbildung unumgänglich; es empfiehlt sich, dafür den französischen Absolutismus in der Zeit Ludwigs XIV. zu wählen, weil hier die wichtigsten Elemente des absolutistischen Herrschafts- und Gesellschaftssystems verdeutlicht werden können und weil durch diese Beschränkung die erforderliche thematische Konzentration und die Möglichkeit zur exemplarischen Vertiefung gewährleistet sind.

Freilich kann man auf die Aufklärungsphilosophie und die spezifische Ausprägung des aufgeklärten Absolutismus nicht gänzlich verzichten; denn die Aufklärung kann als zeitgenössischer Prüfstein und als Herausforderung für den Absolutismus herangezogen werden, während der aufgeklärte Absolutismus zum Aufspüren des Überschneidungsbereichs und der Unterschiede zwischen der „höfischen" (französischen) Ausprägung des Absolutismus und seiner Weiterführung im preußischen Beispiel einlädt.

Diese Überlegungen bestimmten Auswahl und Zusammenstellung der vorliegenden Arbeitsblätter. Sie ermöglichen eine ausführliche und gründliche Auseinandersetzung mit dem Absolutismus Ludwigs XIV. (A 2–A 14), wobei Ausblicke auf die Struktur der Gesellschaft in jener Epoche angeboten und Materialien für die erforderlichen Ergänzungen und Ausweitungen gestellt werden (A 18–A 24).

Das umfangreiche Angebot an Arbeitsblättern und Materialien gibt den Unterrichtenden die Möglichkeit, eine angemessene Auswahl für die Belange des eigenen Unterrichts und für die Kompetenz der jeweiligen Klasse zu treffen. Deshalb variiert auch der Schwierigkeitsgrad der einzelnen Blätter. Die Fragen und Aufgaben zu den Materialien sind als Anregungen für die Bearbeitung anzusehen; man wird sie an die Bedürfnisse der jeweiligen Klasse anpassen; die beigegebenen Lösungshinweise wird man von Fall zu Fall ausweiten oder verkürzen.

Die Autoren

M 1

Was heißt „Absolutismus"?

– „Absolutismus" bezeichnet eine monarchische Regierungsform, in welcher der Fürst allein die unteilbare Herrschaftsgewalt nach innen und außen (Souveränität) besitzt. Er ist selbst nicht an die von ihm gegebenen Gesetze gebunden (lat.: legibus absolutus = von den Gesetzen losgelöst).

– Der Absolutismus entwickelte sich seit dem Ende des 15. Jahrhunderts in vielen europäischen Ländern im Gefolge der Auflösung der mittelalterlichen Ordnung und der Glaubenskriege. Dabei entstanden von Staat zu Staat sehr unterschiedliche Erscheinungsformen des Absolutismus.

– Das Ziel der absolutistischen Fürsten, einen einheitlichen Untertanenverband herzustellen und die Herrschaft in einer Hand zusammenzufassen, führte zum Konflikt mit dem Adel – insbesondere dem Hochadel. Dieser stand bisher weitgehend selbständig und gleichberechtigt neben den Fürsten und wollte seine Machtstellung nicht ohne weiteres aufgeben.

– Bei ihrem Versuch, einen einheitlichen Staat zu schaffen, bauten die Fürsten eine allein von ihnen abhängige Beamtenschaft und ein stehendes Heer auf, das ihrem Oberbefehl unterstand. Der Fürst war hinfort der einzige „Kriegsunternehmer" im Staat. Außerdem versuchten die Könige, die Einheit des Glaubens in ihrem Land durchzusetzen und stützten ihre Herrschaft häufig auf eine Staatskirche.

– In prächtigen Schlössern mit einem großen Hofstaat, den der vordem selbständige Adel bildete, führten die Herrscher ihren Reichtum zur Schau und demonstrierten so die Macht ihres Landes. Im Mittelpunkt des Hoflebens stand die Person des Fürsten – ein Symbol der zentralisierten Herrschaftsgewalt im absolutistisch regierten Staat.

– Beamtenschaft, stehendes Heer und verschwenderische Hofhaltung verursachten ungeheure Kosten. Diese sollten durch die Belebung der Wirtschaft, eine aktive Bilanz beim Handel mit anderen Staaten und reichliche Steuereinnahmen aufgebracht werden. Damit die Steuern regelmäßig und in der gewünschten Höhe eingingen, errichteten die absoluten Fürsten eine eigene moderne Finanzverwaltung und ließen neue Steuern und andere Geldquellen erfinden.

– Trotz mancher Erfolge beim Versuch, die Staatsgewalt zu vereinheitlichen und zu zentralisieren, ist es nirgends gelungen, die Rechte des Adels und die Eigenständigkeit zahlreicher Städte und ganzer Regionen völlig zu beseitigen. Die Monarchen blieben vielmehr auf die Mitwirkung des Adels, der die Offiziere stellte und über unkündbare Vorrechte (Privilegien) und oftmals riesigen Landbesitz verfügte, angewiesen. Auch die Größe vieler Staaten stand – angesichts schlechter Verkehrsverhältnisse und großer regionaler Unterschiede – der Vereinheitlichung im Wege.

– So blieb das Programm des Absolutismus in mancher Hinsicht unverwirklicht.   Die Autoren

Aufgaben:

1. Erarbeite aus dem vorliegenden Text wichtige Merkmale des Absolutismus.
2. Warum ist es falsch, den Absolutismus mit modernen totalitären Staaten gleichzusetzen?

M 2

Die Säulen des Absolutismus

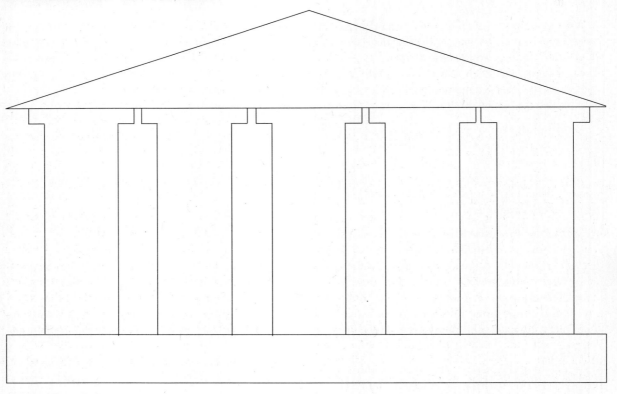

Aufgabe:

3. Trage die fünf „Stützen" des Absolutismus in die Skizze ein und beschreibe das Verhältnis zwischen dem König (dem Fürsten) und seinen Untertanen im absolutistischen Staat.

M 3

Kennzeichen des Absolutismus

Jean Bodin (1529–1596) lieferte in seiner Staatslehre das theoretische Fundament für den Absolutismus:

1. Alleinige Gesetzgebungskompetenz des Monarchen
2. Entscheidung über den Krieg
3. Abschluß von Friedensverträgen
4. Ein- und Absetzung der Beamten
5. Erhebung und Erlaß von Steuern und Abgaben
6. Begnadigungen
7. Münzhoheit
8. Einforderung des Treueides.

aus: Hinrichs, Ernst: Absolutismus. stw 535. © Suhrkamp Verlag, Frankfurt am Main 1986, S. 67 f.

Aufgaben:

4. Vergleiche die Merkmale der absoluten Monarchie mit den Merkmalen eines modernen demokratischen Staatswesens (Beispiel: Bundesrepublik Deutschland).
5. Welches bereits bekannte Element der absolutistischen Monarchie führt Bodin nicht auf? Versuche, dafür eine Begründung zu finden.

M 1

Die Auflösung des Parlaments von Paris

In Paris gab es seit dem 13. Jahrhundert sogenannte Parlamente, die für Gerichtsverhandlungen zuständig waren und bei der Gesetzgebung mitwirkten, indem sie die königlichen Erlasse diskutierten und registrierten. Erst nach dieser Registrierung erhielt eine königliche Verordnung Gesetzeskraft. Das Parlament, das zum großen Teil aus geistlichen und weltlichen Adligen bestand, konnte Einwände erheben und Änderungen an den Gesetzestexten fordern.

Am 13. April 1655 ereignete sich etwas völlig Unerwartetes und Unerhörtes. Das Parlament saß gerade bei der Beratung königlicher Erlasse, als plötzlich der erst siebzehnjährige König Ludwig XIV., der direkt von der Jagd kam, in seinem roten Reitergewand, gestiefelt und gespornt, mit der Peitsche in der Hand vor den Parlamentsräten erschien. Er befahl ihnen barsch, sofort mit der Beratung aufzuhören, keine königlichen Erlasse mehr zu diskutieren und überhaupt derartige Sitzungen für alle Zukunft zu unterlassen.

Tatsächlich löste sich das Parlament – ohne weiteren Protest – auf, und Ludwig XIV. brüstete sich später, daß er es durch dieses deutliche Beispiel seines königlichen Willens endgültig unterworfen habe.

aus: Krebs, Ricardo: Der europäische Absolutismus, Stuttgart 1975, S. 84 f.

Aufgaben:

1. Welche neue Situation entsteht durch das Vorgehen des Königs?
2. Warum geben die Mitglieder des Parlaments ohne weiteres nach?
3. Beurteile das Auftreten Ludwigs XIV. vor dem Parlament in Paris.

M 2

Die Übernahme der Regierung

Am 9. März 1661 starb Kardinal Jules Mazarin. Am Morgen des 10. März, um 7 Uhr, berief der König den Staatsrat. Er bestand aus acht Mitgliedern. Der König nahm kurz seinen Hut ab, setzte ihn wieder auf und wandte sich stehend an den Kanzler:

„Ich habe Sie mit meinen Ministern und Staatssekretären hierherkommen lassen, um Ihnen zu sagen, daß ich es bisher zufrieden war, meine Angelegenheiten durch den Kardinal leiten zu lassen; es ist nunmehr an der Zeit, daß ich sie selbst in die Hand nehme. Sie werden mir mit ihrem Rat zur Seite stehen, wenn ich Sie darum bitte.

Ich untersage Ihnen, die geringste Entscheidung zu treffen, ehe Sie mit mir darüber gesprochen haben, mag es sich auch nur um die Ausstellung eines Passes handeln. Die Szene ändert sich; ich werde in der Regierung meines Staates, der Verwaltung meiner Finanzen und den auswärtigen Angelegenheiten anderen Grundsätzen folgen als der verstorbene Kardinal. Sie wissen nun, was ich will, es liegt jetzt bei Ihnen, meine Wünsche auszuführen."

Weiter sagte der König nichts, und der Staatsrat zog sich zurück.

aus: Gaxotte, Pierre: Ludwig XIV., 1988, S. 8. © by nymphenburger in der F. A. Herbig Verlagsbuchhandlung GmbH, München.

Aufgaben:

4. Warum wird die beschriebene Szene als „Geburtsstunde einer neuen Regierungsform" bezeichnet?
5. Beschreibe die Stellung, die Ludwig XIV. im französischen Staat einnehmen will, mit eigenen Worten.
6. Vergleiche das Vorgehen Ludwigs XIV. gegen das Parlament von Paris (M 1) mit seinem Verhalten gegenüber der Regierung (M 2).

M 3

Absolutismus (Definition)

[...] Der absolute Monarch beansprucht völlige Unabhängigkeit im Innern und nach außen: Unabhängigkeit von Recht, Gesetz und Herkommen, von bestehenden Institutionen, von religiösen und moralischen Satzungen, von überstaatlichen Mächten oder Systemen. Er ist nach seinem Verständnis vielmehr umgekehrt selbst die Quelle allen Rechts, sein eigener Gesetzgeber, Herr der vollstreckenden Gewalt sowie oberster Gerichtsherr, nur Gott und seinem Gewissen verantwortlich [...] Das notwendige Instrument zur Verwirklichung des absolutistischen Regimes ist die Aufrichtung eines einheitlichen, überall eingreifenden, alles erfassenden fürstlichen Herrschaftsapparates.

aus: Schülerduden Geschichte, S. 12. Bibliographisches Institut & F. A. Brockhaus AG, Mannheim 1988.

Die Regierungsgrundsätze – eigentlich handelt es sich um Aufzeichnungen für den Thronfolger – wurden nach Entwürfen und Diktaten Ludwig XIV. verfaßt. Wichtig sind vor allem die eingestreuten Ratschläge, die zwar nicht immer wörtlich, aber doch inhaltlich die Ansichten des Königs, der die Abfassung ständig überwachte, wiedergeben.

Was die Personen betrifft, die mir bei meiner Arbeit behilflich sein sollten, so habe ich mich vor allem entschlossen, keinen Premierminister mehr in meinen Dienst zu nehmen. Wenn Du, mein Sohn, und alle Deine Nachfolger mir darin folgen, wird der Name als solcher für immer in Frankreich abgeschafft sein, denn nichts ist unwürdiger, als wenn man auf der einen Seite alle Funktionen, auf der anderen nur den leeren Titel eines Königs bemerkt.

Es war also nötig, mein Vertrauen und die Ausführung meiner Befehle zu teilen, ohne sie einem ganz und ungeteilt zu geben, indem man den verschiedenen Personen verschiedene Angelegenheiten gemäß ihren besonderen Fähigkeiten übertrug. Dies ist vielleicht das erste und wichtigste, was ein Herrscher können muß.

Ich entschloß mich noch zu einem weiteren Schritt. Ich wollte die oberste Leitung ganz allein in meiner Hand zusammenfassen. Andererseits gibt es aber in allen Angelegenheiten bestimmte Details, um die wir uns nicht kümmern können, da unsere Überlastung und auch unsere hohe Stellung uns das nicht gestatten. Ich faßte daher den Vorsatz, nach Auswahl meiner Minister mit jedem von ihnen dann und wann einmal ins einzelne zu gehen, und zwar dann, wenn er es am wenigsten erwartete, damit er begriffe, daß ich das ebensogut auch in anderen Angelegenheiten und zu jeder beliebigen Zeit tun könne.

Um Dir meine Überlegungen auch ganz und gar zu entdecken, so fand ich es gar nicht in meinem Interesse, Untergebene von höherem Stande in meinem Dienst zu haben. Ich mußte vor allen Dingen mein eigenes Ansehen (réputation) fest begründen und der Öffentlichkeit schon durch den Rang, dem ich sie entnahm, zeigen, daß ich nicht die Absicht hatte, meine Autorität mit ihnen zu teilen. Es kam mir darauf an, daß sie selber sich keine größeren Hoffnungen machten als die, die ich ihnen zu erwecken für gut fand; das ist aber bei Leuten von sehr vornehmer Abkunft schwierig. [...]

Es sind jetzt zehn Jahre, daß ich – so glaube ich doch – konsequent denselben Weg verfolge, ohne in meiner Beharrlichkeit zu ermüden: Ich bin über alles unterrichtet, höre auch meine geringen Untertanen an, weiß jederzeit über Stärke und Ausbildungsstand meiner Truppen und über den Zustand meiner Festungen Bescheid, gebe unverzüglich Befehle zu ihrer Versorgung, verhandle unmittelbar mit den fremden Gesandten, empfange und lese die Depeschen und entwerfe teilweise selber die Antworten, während ich für die übrigen meinen Sekretären das Wesentliche angebe. Ich regle

Einnahmen und Ausgaben des Staates und lasse mir von denen, die ich mit wichtigen Ämtern betraue, persönlich Rechnung legen; ich halte meine Angelegenheiten so geheim wie das kein anderer vor mir getan hat, verteile Gnadenerweise nach meiner Wahl und erhalte, wenn mich nicht alles täuscht, die, die mir dienen, auch wenn ich sie und die Ihren mit Wohltaten überhäufe, in einer Bescheidenheit, die weit entfernt ist von der hohen Stellung und der Machtfülle der Premierminister. [...]

Du könntest, mein Sohn, durch Übertreibung einer an sich guten Absicht in Deiner frühesten Jugend, vielleicht sogar durch diese Memoiren in Deinem Eifer bestärkt, zwei sehr verschiedene Dinge durcheinanderbringen, nämlich: selbst regieren zu wollen und keinen Rat anzuhören. Das wäre aber ein ebenso gefährliches Extrem wie das andere, sich regieren zu lassen. Die geschicktesten Privatleute nehmen in ihren kleinen Interessen Rat von anderen geschickten Personen an; wie steht es denn mit den Königen, die das Interesse aller in der Hand haben und deren Entschlüsse Böses oder Gutes für das ganze Land zur Folge haben? Man sollte so wichtige Entscheidungen niemals treffen, ohne nach Möglichkeit die aufgeklärtesten, vernünftigsten und klügsten unserer Untertanen zu Rate zu ziehen.

Die Notwendigkeit beschränkt uns nun auf eine kleine Anzahl von Personen, die wir aus den anderen ausgewählt haben. Die aber sollten wir wenigstens nicht übergehen [...] Unsere hohe Stellung entfernt uns in gewisser Weise von unseren Völkern. Unsere Minister stehen ihnen näher und sehen infolgedessen tausend Einzelheiten, die uns entgehen, über die man aber entscheiden und Maßnahmen treffen muß. Nimm hierzu ihr Alter, ihre Erfahrung, ihre Praxis, ihre im Vergleich zu bei uns weit größere Freiheit, von irgendwelchen Untergeordneten Kenntnisse und Belehrung einzuholen, [...]. Aber wenn sie uns nun bei wichtigen Anlässen alle Vorteile und alle Gegengründe vorgetragen haben, alles was man in ähnlichen Fällen früher getan hat, was man anders gehalten hat und was man heute tun könnte, so ist es dann an uns, mein Sohn, zu entscheiden, was nun wirklich geschehen soll. Und diese Entscheidung, das glaube ich Dir sagen zu können, kann, sofern es uns nicht an Verstand und Mut fehlt, niemand besser treffen als wir. Denn die Entscheidung bedarf eines Herrschergeistes, und es ist unvergleichlich viel leichter, das darzustellen, was man ist, als nachzuahmen, was man nicht ist.

aus: bsv Geschichte in Quellen: Renaissance – Glaubenskämpfe – Absolutismus. Übers. v. Fritz Dickmann, Bayerischer Schulbuch-Verlag, München ³1982, S. 426–428

Aufgaben:
1. Fasse die von Ludwig XIV. formulierten Forderungen in kurzen Sätzen zusammen.
2. Erläutere, inwiefern diese Grundsätze das Fundament der absolutistischen Königsherrschaft darstellen.

M 1

Wer entscheidet in Frankreich?

Vor Ludwig XIV. (bis 1661)   Zur Zeit Ludwigs XIV. (seit 1661)

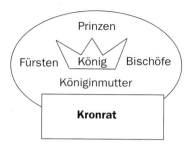   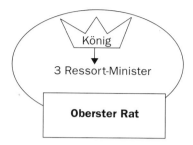

Entscheidung über die Regierung und die Verwaltung des Königreiches

Entscheidung über die Regierung und die Verwaltung des Königreiches

Königliche Intendanten (besoldete Beamten) in den einzelnen Landesteilen überwachen

Regionale Parlamente
(vorwiegend Adlige)

Regionale Parlamente
(vorwiegend Adlige)

Ausführung der Entscheidungen des Kronrates und **eigener** Entscheidungen

Ausführung der Entscheidungen des Kronrates

aus: G. Maier/H. G. Müller, Stundenblätter – Der Absolutismus, S. 31, Stuttgart 1992

Aufgabe:

1. Wodurch unterscheiden sich die beiden Regierungsformen?

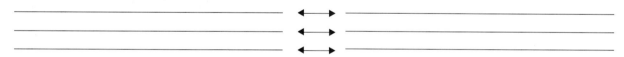

M 2

Ludwig XIV. und seine Räte

– Der erste und wichtigste Rat hieß „Rat für auswärtige Politik", der „Geheime Rat" oder „Staatsrat" [...] In diesem Rat traf man die großen Entscheidungen über Krieg und Frieden. Dort wurden die Berichte der Gesandten, die Weisungen, die man ihnen erteilte, und die Antworten, die man ihnen gab, verlesen. Dort beriet man über die Verträge, über die Bündnisse und überhaupt über alle wichtigen Angelegenheiten im Innern wie im Äußern [...]

– Der „Staatsverwaltungsrat" trat alle vierzehn Tage zusammen [...] Seine Befugnisse reichten weit und waren verwickelt; zu ihnen gehörten gerichtliche und kirchliche Angelegenheiten, die Verwaltung der Städte, der Verkehr mit den Provinzialstaaten, die öffentlichen Arbeiten [...] und alle Einzelheiten des Staatshaushaltes [...]

– Der „Verwaltungsrat" für das gesamte Finanzwesen, den man auch „Königlichen Rat" nannte [...] stellte den Haushaltsplan auf, setzte die Höhe der Abgaben fest, verteilte die Steuern nach Steuerbezirken [...], fertigte die Pachtverträge aus, überwachte die Pächter, [...] bestimmte die fälligen Rechnungen [...]

– Der vierte Rat, der „Hofgerichtsrat" oder „Geheime Rat", versammelte sich außerhalb der königlichen Gemächer, jedoch im königlichen Palast. Er war der oberste Gerichtshof und übte die höchste Gerichtsbarkeit in Zivilsachen als Appellationsgericht und in Verwaltungsangelegenheiten als Oberverwaltungsgericht aus [...]

Alle Räte waren zur Bearbeitung der Einzelheiten in eine Vielfalt von Ausschüssen oder Ämtern aufgeteilt [...]

Wir vermögen uns diesen Aufbau deshalb nur schwer vorzustellen, weil wir durch die moderne Einteilung in Ministerien an eine scharfe Trennung der Aufgabenbereiche gewöhnt sind. Hält man sich jedoch vor Augen, daß die Einheit der Regierung auf der Person und dem Willen des Herrschers beruhte, so wird man nicht länger über die Seltsamkeit eines Systems staunen, dessen besonderer Vorteil darin bestand, daß es elastisch war und sich ohne Schwierigkeiten der Bequemlichkeit des Königs und dem Charakter seiner Mitarbeiter anpassen ließ [...]

Da der König ängstlich befürchtete, von anderen beherrscht zu werden oder auch nur beherrscht zu scheinen, ließ er weder Kardinäle noch Prinzen von Geblüt, ja nicht einmal ‚Monsieur', den gefügigsten aller Brüder, zum Rate zu.

aus: Gaxotte, Pierre: Ludwig XIV., 1988 S. 31–33. © by nymphenburger in der F. A. Herbig Verlagsbuchhandlung GmbH, München

Aufgaben:

2. Stelle die Funktionen der vier beschriebenen Gremien zusammen.
3. Beschreibe die Stellung des Königs gegenüber diesen Gremien.
4. Warum trug die Aufteilung der Befugnisse auf vier Gremien zur Machtsteigerung Ludwigs XIV. bei?

M 3

Worauf stützt sich die Herrschaft des absolutistischen Königs?

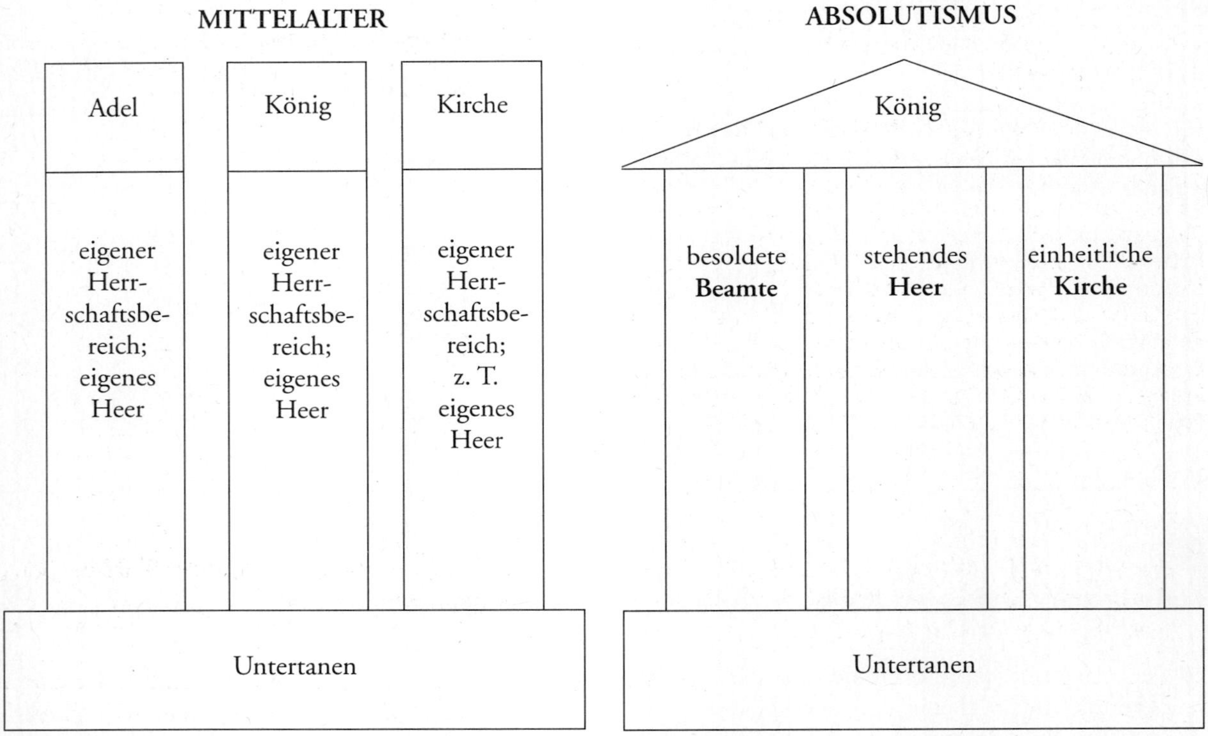

MITTELALTER

Adel	König	Kirche
eigener Herr-schaftsbe-reich; eigenes Heer	eigener Herr-schaftsbe-reich; eigenes Heer	eigener Herr-schaftsbe-reich; z. T. eigenes Heer

Untertanen

ABSOLUTISMUS

König

besoldete **Beamte**	stehendes **Heer**	einheitliche **Kirche**

Untertanen

Thesen: 1. _____

2. _____

3. _____

4. _____

Thesen: 1. _____

2. _____

3. _____

4. _____

Aufgabe:

5. Beschreibe in kurzen Thesen die Besonderheiten der Organisation der Herrschaft im Mittelalter und im Zeitalter des Absolutismus.

M 1

Das Sonnensymbol

aus: Rohlfes, Joachim/Völker, Peter: Der Frühmoderne Staat,
S. 131, Stuttgart 1993

Die von Douvrier entworfene Medaille zeigt das Kopf-
bild des Königs als Sonne, welche die Erde bescheint.
Die Umschrift NEC PLURIBUS IMPAR kann mit „vielen
gewachsen" oder „noch mehr Aufgaben gewachsen"
übersetzt werden. Auch frühere französische Könige
hatten sich Symbole ausgewählt – Ludwig XII. ein Sta-
chelschwein, Franz I. einen Salamander, Heinrich II. einen Halbmond. Das Sonnensymbol begegnet uns auch
im Schloß von Versailles, auf der Reiterstandarte der
Leibgarde Ludwigs XIV. sowie auf zahlreichen Gegen-
ständen, die für den täglichen Bedarf des Königs ange-
fertigt worden waren.

M 2

Ludwig XIV. über das Sonnensymbol

Ich war der Meinung, daß sich das Zeichen nicht bei
irgendetwas Untergeordnetem und Gewöhnlichem auf-
halten, sondern gewissermaßen die Pflichten eines Herrschers darstellen und mich selber ständig an ihre Erfüllung mahnen sollte. Man wählte daher als Figur die
Sonne, die [...] durch ihre Einzigartigkeit, durch den
Glanz, der sie umgibt, durch das Licht, das sie den anderen, sie wie ein Hofstaat umgebenden Sternen mit-
teilt, durch die gleichmäßige Gerechtigkeit, mit der sie
dieses Licht allen Zonen der Erde zuteilt, durch das
Gute, das sie allerorten bewirkt, indem sie unaufhör-
lich auf allen Seiten Leben, Freude und Tätigkeit weckt,
durch ihre unermüdliche Bewegung, die gleichwohl als
ständige Ruhe erscheint, durch ihren gleichbleibenden
und unveränderten Lauf, von dem sie sich nie entfernt
und niemals abweicht, sicher das lebendigste und schön-
ste Sinnbild eines großen Herrschers darstellt.

aus: bsv Geschichte in Quellen: Renaissance – Glaubenskämpfe
– Absolutismus. Übers. v. Fritz Dickmann, Bayerischer Schulbuch-Verlag, München, ³1982, S. 429 f.

Aufgaben:

1. Beschreibe das abgebildete Sonnensymbol (M 1),
   und zeige die Absicht, welche Ludwig XIV. mit der
   Wahl dieses Symbols verfolgte (M 2).

2. Beurteile den Anspruch, der mit der Wahl des Sonnensymbols erhoben wird.

M 3

Engel verkündet den Ruhm Ludwigs XIV.

Zeichnung von Antoine Dieu (1662–1727)

aus: Foerster, Rolf Hellmut: Die Welt des Barock, München 1970, S. 158

M 4

Ludwig XIV. wird von der Siegesgöttin gekrönt

Zeichnung von Charles Le Boun, etwa 1679

aus: Foerster, Rolf Hellmut: a. a. O., S. 146

Aufgabe:

3. Beschreibe die Wirkung, welche diese Bilder auf die Zeitgenossen Ludwigs XIV. gehabt haben mögen, und versuche eine Bewertung aus heutiger Sicht.

M 5

Aus den Ratschlägen Ludwigs XIV. für seinen Nachfolger

Schließlich, mein Sohn, müssen wir das Wohl unserer Untertanen weit mehr im Auge haben als unser eigenes. Man kann sagen, daß sie ein Teil unserer eigenen Person sind; wir sind gleichsam das Haupt des Körpers, dessen Glieder sie sind. Wenn wir ihnen Gesetze geben, so geschieht dies nur zu ihrem eigenen Nutzen; die Macht, die wir über sie haben, darf uns nur dazu dienen, mit um so größerem Eifer für ihren Wohlstand zu arbeiten.

aus: Studienbuch Geschichte. Darstellung und Quellen. Hrsg. v. R. Elze/K. Repgen. Heft 6: Ernst W. Zeeden. Europa im Zeitalter des Absolutismus und der Aufklärung. Klett-Cotta, Stuttgart 1981, S. 143. Ludwig XIV. Memoiren (ca. 1668–72), dt. Übertragung von L. Steinfeld, Basel, 1951

Aufgaben:

4. Wie versteht Ludwig XIV. seine Aufgabe als König?
5. Erörtere unter diesem Aspekt noch einmal die Bedeutung des Sonnensymbols (M 1).

M 1

Die Entwicklung der französischen Staatsausgaben

1547	König Franz I.	40 Mio. Goldmark
1609	König Heinrich IV.	78 Mio. Goldmark
1699	König Ludwig XIV.	137 Mio. Goldmark
1715	König Ludwig XIV.	219 Mio. Goldmark

Aufgabe:

1. Berechne die Steigerungsrate der Staatsausgaben zwischen den angegebenen Daten

Zeitraum in Jahren: Zunahme:

_____

_____

_____

M 2

Der Finanzminister gibt zu bedenken

Eingabe des Finanzministers Colbert an Ludwig XIV. aus dem Jahre 1666, in der es heißt:
Der König habe seine Belustigungen und die staatlichen Notwendigkeiten, z. B. das Heer, so miteinander vermengt, daß beide kaum noch voneinander zu trennen seien. Selbstverständlich seien beide Arten von Ausgaben notwendig, aber der Finanzminister gebe doch seiner Majestät zu bedenken, daß die Ausgaben für königliche Spielverluste, Feste, Gastmähler und Bankette über 300 000 Livres betrügen, zusätzlich zu den rund 200 000 Livres, die der königliche Marstall koste.

nach: Geschichte in Quellen, Band 3, München 1982, S. 443 f.

M 3

Zeittafel

1667–1668	Krieg um die spanischen Niederlande (das heutige Belgien)
seit 1668	Riesige Geldzahlungen („Subsidien") an europäische Herrscher, um diese auf Frankreichs Seite zu ziehen
1672–1678	Krieg gegen Holland
seit 1680	„Friedliche Eroberung" des Elsass („Reunionen")
1688–1697	Der Pfälzische Krieg in Südwestdeutschland
1701–1714	Der Spanische Erbfolgekrieg

Aufgabe:

2. Welche Gründe für die hohen Staatsausgaben unter Ludwig XIV. kannst Du erkennen (M 2 und M 3)?

_____

_____

_____

M 4

Der französische Staatshaushalt 1678

Einnahmen: 99,5 Mio. Livres
Ausgaben: 98,0 Mio. Livres für das Heer
              29,0 Mio. Livres für den Hof
              2,5 Mio. Livres für Sonstiges

Aufgaben:

3. Vergleiche die Einnahmenseite mit der Ausgabenseite. Was stellst Du fest?

_____

4. Überlege, welche Maßnahmen der französische König und sein Finanz- und Wirtschaftsminister in dieser Lage treffen mußten.

_____

M 5

Aus dem Programm Colberts von 1664

„Ich glaube, man wird ohne weiteres in dem Grundsatz einig sein, daß es einzig und allein der Reichtum an Geld ist, der die Unterschiede an Größe und Macht zwischen den Staaten begründet. Was dies betrifft, so ist es sicher, daß jährlich aus Frankreich einheimische Erzeugnisse für den Verbrauch im Ausland im Wert von 12 bis 18 Millionen Livres hinausgehen. Das sind die Goldminen unseres Königreiches, um deren Erhaltung wir uns sorgfältig bemühen müssen [...]

Je mehr wir die Handelsgewinne, die die Holländer den Untertanen des französischen Königs abnehmen, und den Konsum der von ihnen eingeführten Waren verringern können, desto mehr vergrößern wir die Menge des bereitstehenden Bargeldes und vermehren wir die Macht, Größe und Wohlhabenheit des Staates."

aus: bsv Geschichte in Quellen: Renaissance – Glaubenskämpfe – Absolutismus. Übers. v. Fritz Dickmann, Bayerischer Schulbuch-Verlag, München ³1982, S. 448

Aufgabe:

5. Ergänze folgende Skizze aufgrund des Textes.

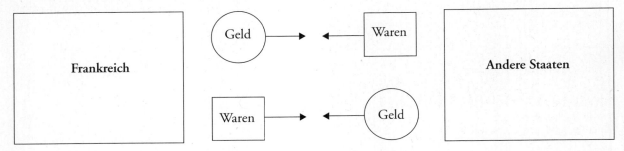

M 6

Aus dem obigen Programm Colberts an Ludwig XIV.

„Es ist unbestreitbar, Sire, daß sich in der gesamten alten und modernen Geschichte kein Beispiel findet, daß große und mächtige Staaten wie der Eurer Majestät sich jemals mit dem Handel befaßt hätten."

aus: Geschichte in Quellen, Band 3, a. a. O., S. 446.

Aufgabe:

6. Wozu will Colbert seinen König anregen?

M 7

Wirtschaftsgesetze und Verordnungen in Frankreich

Gesetze und Verordnungen:
1. Maße und Gewichte werden in ganz Frankreich vereinheitlicht.
2. Hafenanlagen und Kanäle werden gebaut.
3. Zollschranken innerhalb Frankreichs werden aufgehoben.
4. Aus dem Ausland eingeführte Waren werden mit hohen Zöllen belegt.
5. Ausfuhr von Rohstoffen wird verboten.
6. Ausfuhr von Geld wird bei Todesstrafe verboten.
7. Auswanderung von Arbeitskräften wird untersagt.
8. Erwerb von Kolonien wird gefördert.
9. Eine Handelsflotte wird geschaffen.
10. Arbeitslöhne werden niedrig gehalten.
11. Brotpreis wird niedrig gehalten.

Aufgabe:

7. Welche Ziele sollen damit jeweils erreicht werden?

M 1

Uhrenmacherwerkstatt
Foto: Gernerallandesarchiv, Karlsruhe

Rasiermessermanufaktur
Foto: Deutsches Museum, München

Aufgabe:

1. Vergleiche die beiden Abbildungen und stelle die Unterschiede zwischen einem Handwerkerbetrieb und einer Manufaktur fest. Inwieweit veränderten die Manufakturen das Wirtschaftsleben?

M 2

Handwerksbetrieb

Der Handwerker produzierte auf Bestellung.

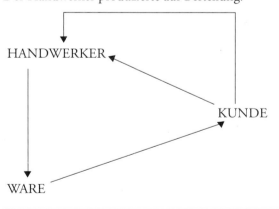

Manufaktur

Die Manufaktur produzierte auf Vorrat.

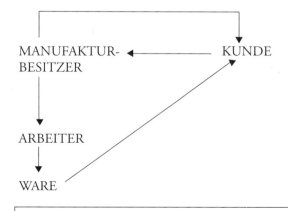

Aufgabe:

2. Beschrifte die Pfeile in den Skizzen mit folgenden Bezeichnungen: Herstellung, Verkauf, Bezahlung, Lohn, Bestellung, Werbung. Versieh dann die Bezeichnungen mit Zahlen in der Reihenfolge der Vorgänge. Wie kann man die zwei Arten zu wirtschaften benennen?

M 3

König und Unternehmer

Königlicher Freiheitsbrief (Privileg) für den holländischen Tuchhersteller van Robais, der 1665 in Frankreich eine Manufaktur gründen wollte: „Wir gestatten und erlauben dem genannten van Robais, sich in der Stadt Abbeville mit fünfzig holländischen Arbeitern niederzulassen und dort eine Manufaktur für feine Tuche einzurichten von der Art, wie man sie in Spanien und Holland herstellt, und zu diesem Zweck dreißig Webstühle dorthin zu transportieren und dort aufzustellen […]
Wir wollen, daß er und seine bei der Manufaktur tätigen ausländischen Gesellschafter und Arbeiter als wahre Franzosen eingestuft und angesehen werden […] Sie werden auch während der Laufzeit dieser Konzession (=Genehmigung) von allen übrigen Abgaben, Steuern, Soldateneinquartierungen, städtischen Diensten, Frondiensten und sonstigen öffentlichen Lasten befreit sein […]
Wir ordnen an […], daß dem Unternehmer die Summe von 12 000 Livres bar bezahlt und ausgehändigt werde […] Und damit der Antragsteller in voller Freiheit den Gewinn seiner Arbeit genießen kann, haben […] wir verboten, während der Zeit von zwanzig Jahren diese Tuchsorten nachzuahmen.“

aus: Politische Weltkunde I, Teil 3, Stuttgart 1972, S. 51 f.

Aufgaben:

3. Stelle die Privilegien zusammen, welche dem Manufakturbesitzer und seinen Facharbeitern zugestanden wurden.

_____

_____

_____

4. Welche wirtschaftlichen Ziele verfolgte der französische König mit der Erlaubnis, Manufakturen zu errichten?

_____

_____

_____

M 4

Die Bedeutung der Manufakturen für den absolutistischen Staat

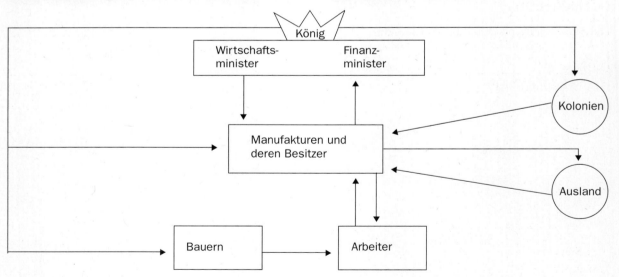

Aufgaben:

5. Kennzeichne die eingetragenen Pfeile mit geeigneten Bezeichnungen (z. B. Steuern).
6. Wer zieht Nutzen aus diesem System?
7. Wer erleidet Schaden?
8. Welcher gesellschaftliche Stand fehlt in der Skizze? Warum ist er dort nicht enthalten?

M 1

Kardinal Richelieu sieht in seinem politischen Testament die Stellung von Adel und Volk etwa so:

Der Adel ist der wichtigste Stand für den König. Er ist für die Erhaltung eines Staates notwendig, ‚da er der Krone mit Schwert und Leben' dient. Deshalb müssen ihm seine Privilegien (Vorrechte) erhalten werden: Steuerfreiheit, Abgaben und Frondienste der Bauern.

Das Volk dagegen ist die unterste Schicht. Weil es wegen seiner geringen Bildung bei besseren Lebensbedingungen sich nicht an die überkommene Ordnung hält, muß es durch Zwang in Schranken gehalten werden.

aus: Albers, Detlef: Der europäische Absolutismus, Stuttgart 1971, S. 25, 29.

M 2

Der bürgerliche Schriftsteller Jean de La Bruyère beurteilt den Adel:

Die Adligen kümmern sich weder um die Interessen des Staates noch eigentlich um ihre eigenen, sondern überlassen dies dem Bürgertum und den Verwaltern ihrer großen Güter. Sie sind sogar noch stolz darauf, von politischen und wirtschaftlichen Vorgängen nichts zu verstehen. Sie leben nur ihren Vergnügungen. Ihr Leben erschöpft sich darin, Feste zu feiern und sorglos in Saus und Braus zu leben.

aus: Politische Weltkunde I, Teil 3, Stuttgart 1972, S. 53.

M 3

Ludwigs Festungsbaumeister Vauban stellt fest:

Der 3. Stand erhält den König und das ganze Land durch seine Arbeit, seinen Handel und seine Steuerabgaben. Das Volk nämlich erarbeitet den Wohlstand des Staates durch gewerbliche Produktion, durch Handel, durch landwirtschaftliche Erzeugnisse. Wer denn sonst als das Volk stellt die Arbeiter, die Kaufleute, die Bauern und die Tagelöhner auf dem Land; woher, wenn nicht aus dem Volk kommen die Soldaten und Matrosen, die das Land schützen?

aus: Geschichte in Quellen, Band 3, München 1982, S. 461 f.

Aufgaben:

1. Trage die Auffassungen der drei Autoren über die absolutistische Gesellschaft in folgende Skizze ein.

2. Wie lassen sich die verschiedenen Auffassungen erklären?

	Richelieu	La Bruyère	Vauban
Adel			
3. Stand (Bürger, Bauern, Arbeiter)			

M 4

Die Zusammensetzung der französischen Bevölkerung zur Zeit Ludwigs XIV.

Frankreichs Bevölkerung war in drei Stände aufgeteilt. Die Geistlichkeit (der Klerus) gehörte zum 1. Stand. Von diesem besaß die hohe Geistlichkeit (Erzbischöfe, Bischöfe und Äbte) riesige Landgüter, die etwa 10% des gesamten Grundbesitzes des Landes ausmachten. Sie bezogen hohe Einkünfte aus dem Kirchenzehnten, den die Bauern zu zahlen hatten. Die niedere Geistlichkeit (Gemeindepfarrer) hatte meist nur ein bescheidenes Einkommen. Zum 1. Stand gehörten etwa 130 000 Personen.

Der Adel bildete den 2. Stand. Er hatte die höchsten Ämter im Staat inne und besetzte alle hohen Befehls-stellen im Heer. Die Adligen hatten riesige Einkünfte durch ihre Güter, deren Verwalter Abgaben und Dienste von den Bauern erhoben. Daneben erhielten die Adligen königliche Pensionen und Schenkungen. Dieser Stand umfaßte etwa 350 000 Personen.

Zum 3. Stand gehörten sozial sehr unterschiedliche Schichten: das wohlhabende Bürgertum, Handwerker, Bauern und Landarbeiter, die Arbeiter in Manufakturen und Handwerksbetrieben und die Armen in den Städten. Dieser Stand zählte etwa 25 Millionen Personen.

Die Autoren

Aufgaben:

3. Berechne den prozentualen Anteil der einzelnen Stände in bezug auf die Gesamtbevölkerung.

1. Stand: _____

2. Stand: _____

3. Stand: _____

4.

gesell./polit. Stellung		wirtschaft. Bedeutung
	Adel	
	Manufaktur-besitzer, Kaufleute	
	Bauern Lohnarbeiter	

Trage die Rangfolge der Stände in ihrer politischen und gesellschaftlichen Stellung und in ihrer wirtschaftlichen Bedeutung in die obige Tabelle ein.

5. Welcher Widerspruch ergab sich im absolutistischen Frankreich?

M 1

Der Aufstand des Adels (Fronde)

Der Anspruch der französischen Könige auf die oberste Regierungsgewalt traf um die Mitte des 17. Jahrhunderts auf den erbitterten Widerstand des Adels. Es kam zu langwierigen Kämpfen zwischen der Monarchie und dem Adel, der auf seine ererbten Rechte pochte. Weil der Adel über eigene Privatarmeen und reichliche Geldmittel verfügte, blieb der Machtkampf lange Zeit unentschieden.

Als das vom Adel beherrschte Parlament von Paris die Annahme eines Steuergesetzes verweigerte und der König hierauf den Parlamentssprecher verhaften ließ, kam es sogar in der Hauptstadt zu Barrikadenkämpfen. Die königliche Familie wurde aus Paris vertrieben.

Schließlich brach jedoch der Aufstand infolge der Uneinigkeit der adligen Aufrührer zusammen; zahlreiche Verschwörer wurden hingerichtet, ihre Güter wurden beschlagnahmt und ihre Burgen und Schlösser auf königliche Weisung hin zerstört. Tausende von Toten waren die Folge der blutigen Auseinandersetzungen. Als Ludwig XIV. 1661 die Regierung antrat, war der Streit bereits zugunsten der Monarchie entschieden: Der Adel konnte zwar seine Vorrechte und Freiheiten gegenüber den anderen Bevölkerungsgruppen weitgehend bewahren, mußte jedoch die Monarchie als oberste Gewalt im Staat anerkennen.

Freilich konnte der Adel unter den Nachfolgern Ludwigs XIV. seine Stellung im Staat erneut ausbauen – die eigentliche Entmachtung des Adels fand nicht im Zeitalter des Absolutismus, sondern erst während der Französischen Revolution am Ende des 18. Jahrhunderts statt.   Die Autoren

Aufgaben:

1. Stelle die Ziele der Monarchie und des Adels während des Aufstandes einander gegenüber.

Zeile des Monarchen:

_____

_____

_____

_____

_____

Ziele des Adels:

_____

_____

_____

_____

_____

2. Zeige, daß das Ergebnis der beschriebenen Kämpfe eine wesentliche Voraussetzung für die Errichtung des Absolutismus in Frankreich war.

M 2

Schwertadel, Amtsadel, Geldadel in Frankreich zur Zeit Ludwigs XIV.

1. Wer bestimmte Ämter mindestens zwanzig Jahre lang innehatte, konnte in den Adelsstand aufsteigen und sich dadurch vom Makel seiner niedrigen Herkunft reinwaschen [...]

2. Ein völlig verarmter Aristokrat galt nicht mehr als ein reicher und mächtiger Bankier, der noch nicht in den Adelsstand aufgestiegen war [...]

Zusammenfassung:

_____

_____

_____

_____

_____

3. Der Adelsstand setzte sich [...] aus Menschen zusammen, die sich bezüglich ihrer Abstammung, ihres Vermögens und ihrer Lebensführung sehr stark voneinander unterschieden. Die einzige Gemeinsamkeit bestand in den Privilegien, die die gesamte Aristokratie genoß, sowie in ihrer Lebensauffassung. Dem Adel – und somit dem zweiten Stand im Staat – anzugehören, bedeutete, daß die betreffende Familie samt allen Nachkommen von der direkten Steuer, der Taille, befreit war, daß sie Adelstitel tragen durften sowie das Recht, [...] in Ritterorden aufgenommen zu werden. Die Aristokratie zeichnete sich ferner dadurch aus, daß sie Tapferkeit, Ehrenhaftigkeit und Treue für überaus wichtige Tugenden hielt [...]

4. Die Einteilung nach Steuerklassen [...] zeigte eine dreifache Abstufung in die Gruppen Hofadel (oder hohe Offiziere), Amtsadel und Bankiers (Vorsteher staatlicher, staatlich geförderter und privater Geldinstitute [...])

5. Die Häuser, die der Schwertadel, der Amtsadel und die Finanzwelt errichten ließen, unterschieden sich in Bauweise und Ausstattung kaum voneinander.

6. Wer nach Höherem strebte, mußte sich nicht mehr unbedingt um einen Adelsbrief bemühen, und innerhalb der Aristokratie war der Geburtsadel nicht mehr automatisch höher angesehen als der Amtsadel. Persönliche Verdienste konnten fortan durchaus eine vornehme Abstammung aufwiegen. Der Dienst für den König verlieh schließlich das größte Ansehen [...]

7. Schwertadel, Amtsadel und Geldadel [...] symbolisierten in allererster Linie den Dienst für den König und bildeten somit die drei Säulen des Staates [...] Ludwig XIV. hat alle drei Gruppierungen – Schwert-, Amts- und Geldadel – gefördert, um dadurch seinen Untertanen vor Augen zu führen, daß ein moderner Staat fähige Offiziere, tüchtige Verwaltungsbeamte und vermögende Bankiers benötigte.

aus: Bluche, Francois: Im Schatten des Sonnenkönigs, Würzburg 1986, S. 40–43, S. 66.

Aufgaben:

3. Fasse die Aussagen des Textes stichwortartig zusammen (rechte Spalte).

4. Nenne die besonderen Merkmale und Aufgaben der drei beschriebenen Gruppen.

M 3

Reiche und arme Adlige

Innerhalb des Adels reichte die Skala der sozialen Bedingungen von den Prinzen und Fürsten aus dem Hochadel, die über riesige Ländereien verfügten, bis zu den zahlreichen verarmten Landedelleuten, die ihren Mist selbst führten und danach trachteten, ihre Töchter an reiche Bauern zu verheiraten, oder die gar vom Straßenraub lebten.

nach: Eberhard Weis, in: Handbuch der Europäischen Geschichte. Band IV, S. 172.

Aufgabe:

5. Inwiefern kann man sagen, daß im französischen Absolutismus die strengen Standesschranken aufgelöst worden sind? (M 2 und M 3)

M 4

Die Adelspyramide zur Zeit Ludwigs XIV.

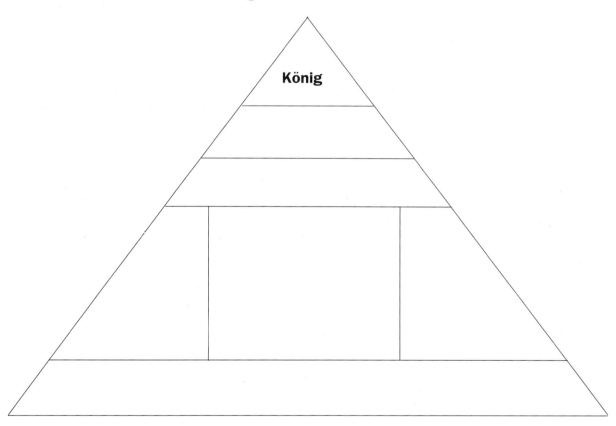

König

Aufgabe:

6. Trage folgende Gruppierungen des Adels – ihrer jeweiligen Bedeutung entsprechend – in das Schema ein:

Amtsadel – Prinzen aus der königlichen Familie – adlige Raubritter – niedrige Adlige – Angehörige des Hochadels (Fürsten) – Geldadel.

M 1

Frauen aus dem Bürgerstand

Das prinzipielle Nichtgebrauchtwerden der Frau im Berufsleben wirkt sofort auf Ausbildung und Erziehung der Mädchen zurück. Zu lernen war für sie ausschließlich das, was in den unteren Ständen Ehe und Haushalt, in den oberen Schichten Repräsentation und Geselligkeit verlangten. So begann der nicht mehr zu durchbrechende Kreislauf von Nichtfähigsein und Nichtzugelassensein der Frau zu selbständigem und dem Mann ebenbürtigem Handeln.

Die Bilder von der tugendhaften Bürgerin stilisieren zur Innerlichkeit, was in Wirklichkeit Einschränkung der Bewegungsfreiheit und Begrenzung der Frau auf den engsten häuslichen Rahmen bedeutet.

Die Verheiratung arrangierten die Eltern, sie tun es im Interesse ihres Hauses und den Bedingungen folgend, die sich aus der Vermögenslage und dem Rang ihres Geschlechts ergeben. Meist ist die Tochter mit der Regelung einverstanden: kennt sie doch den Mann kaum, so garantiert ihr doch die standesgemäße Ehe die größtmögliche Freiheit, die die Gesellschaft des Absolutismus für ihre weiblichen Mitglieder bereithält.

Eine große Zahl von Bediensteten sorgt dafür, daß der Haushalt reibungslos funktioniert. Sich selbst um die Beaufsichtigung des Haushalts zu kümmern hat die Frau keine Zeit. Ihr Tagesablauf ist ausgefüllt mit den Pflichten, die ihr die Zugehörigkeit zur „großen Welt" auferlegt:

Schon die Toilette am Morgen gehört dazu. Während die Kammerfrauen damit beschäftigt sind, die technischen Raffinessen der Kleidung ihrer Dame zu bewältigen, den komplizierten Bau der Frisur zu türmen, mit Puder, Salben, Schminken und Wässern das Malwerk des Gesichtes zu vollenden, empfängt sie bereits die ersten Besuche. Freunde informieren sie über den neuesten Gesellschaftsklatsch, Dichter tragen ihre Werke vor, Händler zeigen ihre Waren. So hat sie ihre Morgengeschäfte erledigt, wenn sie sich nun ihrerseits auf den Weg macht, um die fälligen Höflichkeitsbesuche zu erledigen.

Zum Mittagessen lädt man ein oder wird eingeladen – undenkbar, daß etwa die beiden Ehegatten allein an ihrem Tisch säßen. Am Nachmittag beginnt die Geselligkeit erst richtig und schließt oft erst weit nach Mitternacht.

nach: Möbius, Helga: Die Frau im Barock. S. 32–35. © by Edition Leipzig 1982.

M 2

Eheschließung und Ortswechsel

Wenn eine Frau heiratete, bedeutete dies nicht nur, daß sie vom Elternhaus in das ihres Mannes zog; oft verschlug es sie in eine ganz andere Gegend, und zwei Drittel der Mädchen mußten zumindest die bisherige Gemeinde verlassen, während rund zwei Drittel der Männer innerhalb derselben Pfarrei starben und begraben wurden, in die sie auch hineingeboren worden waren. Die Heirat hatte also für die Frau fast stets eine Ortsveränderung zur Folge […]

Der Umzug ging keineswegs im Stillen vor sich, sondern fand unter großem Pomp am Tag vor der Hochzeit statt.

aus: Bluche, François: Im Schatten des Sonnenkönigs, Würzburg 1986, S. 129.

M 3

Frauenmode am Hofe Ludwigs XIV.

Seit etwa 1670 nahm der französische Hof das Erfinden und Zur-Herrschaft-Bringen neuer Moden in seine Hand:

– Es bedurfte metallener Stützen, um den schweren, meist samtenen Oberrock rückwärts hochzuraffen und in mehreren Metern langer Schleppe nachzuziehen.

– Das Haar wurde mit Hilfe eines Drahtgestells über dem Gesicht aufgetürmt. Dafür reichte das natürliche Haar bald nicht aus, außer fremdem Haar nahm der Friseur meterweise Band und Spitzen zu Hilfe, um das merkwürdige Gebäude auf die übliche Höhe von etwa sechzig Zentimeter zu bringen; Frisuren von einem Meter Höhe waren nicht unmöglich.

– Für äußerst ungesund galt der allzu häufige Gebrauch von Wasser. Um täglich die Hände, das Gesicht möglichst nur einmal in der Woche zu waschen, genügte eine sehr kleine Schüssel. Unter diesen Umständen ist der riesige Bedarf an Parfüm verständlich, das Riechfläschchen trat an die Stelle der Badewanne.

nach: Möbius, Helga, a. a. O., S. 193–196. © by Edition Leipzig 1982.

M 4

Pietro Longhi: Dame bei der Toilette

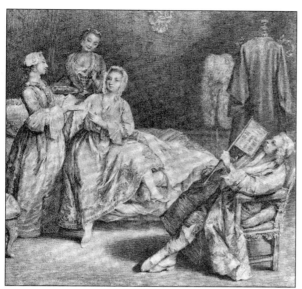

aus: Fischel, Oskar/Boehn, Max von: Die Mode. Menschen und Moden im 18. Jahrhundert, München 1909, S. 40.

M 5

Liselotte von der Pfalz, die Schwägerin Ludwigs XIV., über ihr Vermögen

(Auszug aus einem Brief)

Versailles, 4. Juni 1686

An die Herzogin Sophie

Es wundert mich gar nicht, daß es allen Teutschen fremd vorkommt, zu sehen, daß Monsieur [1] sich allein in die Erbschaftssache mischt, denn sie wissen die französischen Ehepakten nicht, welche aber dermaßen beschaffen sein, daß alles, was dem Weib in währendem Leben ihres Mannes zukommt, insgemein mit dem Manne zugehört und der Mann ist Herr und Meister über alles, kann damit tun und hantieren, wie er es gut findt, ohne daß es das Weib übel nehmen darf [...]

Solange sie beide leben, ist der Mann Herr über alles [...] und das ist jetzt in dieser Erbschaft auch die Ursache, daß ich gar nichts ohne Monsieur entscheiden kann, ob zwar solches in meinem Namen muß ausgeführt werden.

Denn wenn dem nicht so wäre, können Euer Liebden wohl gedenken, daß ich nicht so kindisch würde gewesen sein, mich nicht um das Meine zu kümmern und Monsieur darin allein walten zu lassen [...] Ich sehe leider wohl, wo alles das Meinige hingehen wird, aber wo kein Mittel ist, muß man wohl schweigen.

[1] Monsieur: Bruder Ludwigs XIV., Ehemann der Liselotte von der Pfalz

aus: Liselotte von der Pfalz: Briefe, Ebenhausen bei München 1966, S. 75.

M 6

Tarif oder Bewertung passender Partien, um leicht Heiraten schließen zu können

Für ein Mädchen mit:	einem Mann, der ist:
2000–6000 fr.	Kaufmann, im Palais, kleiner Schreiber, Gerichtsdiener, Winkeladvokat.
6000–12 000 fr.	Seiden- oder Tuchhändler, Kunsttischler, Prokureur am Palais, Hausmeister oder Sekretär eines großen Herrn.
12 000–20 000 fr.	Prokureur am Parlament, Notar, Registrator.
20 000–30 000 fr.	Rechtsanwalt, Finanzrat oder Baurat, Substitut bei der Staatsanwaltschaft, Generalintendant des Münzwesens.
30 000–45 000 fr.	Auditeur beim Rechnungshof, Schatzmeister von Frankreich oder Rentenauszahler
45 000–75 000 fr.	Obersteuerrat oder Regierungsrat.
75 000–150 000 fr.	Parlamentsrat oder Obersteuerrat.
150 000–300 000 fr.	Vorsitzender eines Steuergerichtshofes, Finanzintendant, Vortragender Rat, Steuerkommissionspräsident.
300 000–600 000 fr.	Parlamentspräsident, Marquis, Obersteuerintendant, Herzog und Pair.

aus: Bluche, François: Im Schatten des Sonnenkönigs, Würzburg 1986, S. 127.

Aufgaben:

1. Beschreibe die Stellung der Frau im Zeitalter Ludwigs XIV. (M1–M4)

2. Beschreibe die rechtliche Situation der Frau nach dem französischen Ehegesetz.

3. Welche Haltung nimmt Liselotte von der Pfalz zu dieser Situation ein?

4. Welche Ratschlüsse auf die Heiratschancen von Frauen in der französischen Gesellschaft ergeben sich aus dieser Übersicht?

M 1

Edelmann und Bauer

Obdachlose

Die zwischen 1657 und 1663 veröffentlichte „Sprichwörter" Lagniets illustriert die Unterdrückung der Bauern. „Der Edelmann ist die Spinne und der Bauer die Fliege." Der Vers über der Tür besagt: „Je mehr der Teufel hat, desto mehr will er haben" und führt weiter aus: Dieser Arme bringt Korn, Obst, Geld, Gemüse; der fette Adlige sitzt da, bereit, alles entgegenzunehmen, und gönnt ihm nicht einmal einen freundlichen Blick. Der Edelmann sagt: „Du mußt zahlen oder dienen", der Bauer, „mager wie ein Windhund", entgegnet: „Jedem Herrn alle Ehren."

Seuchen und Hungersnot trieben viele Arme auf die Straße hinaus. Die Illustration aus den „Sprichwörtern" von Lagniet trägt die Inschrift: „Wer alle seine Kleider auf einmal trägt, dem muß sehr warm sein, aber selbst der mildeste Winter ist noch zu streng für diese Landstreicher, denn sie tragen nichts als Stroh und Holzpantoffeln an den Füßen." „Jugend im Müßiggang führt zu bitterem Alter"; daneben heißt es: „Armut ist kein Laster." Die Schale trägt die Aufschrift: „Bettlerpaß."

aus: Die Zeit des Barock, Eltville am Rhein 1986, S. 122. Fotos: Joachim W. Siener, Württ. Landesbibliothek, Stuttgart

Aufgaben:

1. Beschreibe die beiden Bilder.
2. Welche Absicht verfolgen die Darstellungen?
   (Beachte auch jeweils den erläuternden Text.)

M 2

Die Lasten der Bauern

Vier Arten von Nutznießern lasteten auf der Arbeit und dem erzielten Ertrag der Bauern:
– die Dorfgemeinschaft (Abgaben zur Erhaltung der Kirche, der Schule, der Angestellten der Gemeinde)
– die Kirche
– der Grundherr
– der König (einfache und direkte Steuern, Salzsteuer, zusätzliche Abgaben, außergewöhnliche Abgaben, z. B. Ernährung und Unterkunft für Soldaten).
Da der Ertrag der Felder für die vielen Belastungen nicht ausreichte, mußten die Bauern versuchen, durch Heim-

arbeit, Arbeit als Tagelöhner und Verkauf ihrer Produkte in der Stadt zusätzliche Einkünfte zu erzielen. Etwa die Hälfte des Bruttoertrags der bäuerlichen Arbeit mußte abgeführt werden.
Alles in allem kann man sagen, daß neun Untertanen Ludwigs XIV. ein dürftiges Leben voll harter Arbeit führten, um dem zehnten zu gestatten, sich in aller Ruhe bürgerlichen oder adligen Tätigkeiten hinzugeben oder ganz schlicht der Trägheit zu frönen. Dieser Zehnte lebte mehr oder weniger von der ungeheuren Grundrente, die von der Landbevölkerung erwirtschaftet oder von

ihr und den Arbeitern und Handwerkern in den Städten in Güter verwandelt und vermehrt wurde. Zu diesen Nutznießern gehörte fast der gesamte Adel, nahezu die ganze Geistlichkeit und das gesamte höhere Bürgertum, grob gesprochen also alle diejenigen, die durch besondere rechtliche Regelungen begünstigt wurden – die Privilegierten.

Auch die Geschenke, Ämter und Pensionen, die der König seinen Günstlingen und Dienern gewährte, wurden aus der Grundrente bestritten, denn sie bestanden in den Steuern und Abgaben, die vor allem dem Landvolk auferlegt wurden.

nach: Goubert, Pierre: Ludwig XIV. und zwanzig Millionen Franzosen, Berlin 1973, S. 34–38.

M 3

Der Jahreslauf auf dem Lande

Die nahezu ewig gleiche Feldarbeit folgte [...] einem festen jahreszeitlichen Rhythmus [...]: Im Januar wurden die Äcker gepflügt. Im Februar wurde erstmals gesät – zumindest Hafer und Gerste. Ferner wurden in diesem Monat die Reben beschnitten und ausgeputzt. Im März ging die Aussaat weiter, und es galt gleichzeitig jene Felder vorzubereiten, die erst im Herbst eingesät werden sollten. Der April war der entscheidende Monat. In ihm mußten die Weinberge gehackt, die Weizenfelder gepflügt und der Mais gesät werden [...] Im Mai und Juni wurden erneut die Weizenfelder gepflügt und die mit Mais bebauten Äcker sorgfältig gejätet. Im Juli wurde gleichzeitig Heu gemacht und Getreide geerntet. Dann kam der August, in dem das Korn gedroschen, ein viertes Mal gepflügt, der Hanf geern-

tet, die Felder mit Mist gedüngt und die wertvollen Maisrispen eingeholt werden mußten. Im September hatten die Bauern alle Hände voll zu tun: die Weizenfelder wurden ein fünftes Mal gepflügt, und die [...] Zeit der Weinlese sowie der Maisernte brach an. Im Oktober galt es, den geernteten Mais in die Scheune zu bringen und die mit großem Aufwand vorbereiteten Felder mit Weizen, Roggen und Hafer sowie mit Saubohnen und Lein einzusäen. Ebenfalls im Oktober pflegte man Schweine und Gänse zu kaufen, um sie zu mästen. Im Dezember wurden Bäume gepflanzt und die Maisfelder umgepflügt. Einzig der November war ein Ruhemonat – sowohl für den Boden als auch für die Menschen.

aus: Bluche, François: Im Schatten des Sonnenkönigs, Freiburg/Würzburg 1986, S. 301 f.

Aufgaben:

3. Erläutere die Funktion der Bauern und der von ihnen erwirtschafteten Grundrente (M 2 und M 3).

4. Stelle in einem Jahreskalender die bäuerlichen Tätigkeiten zusammen (M 3).

M 4

Besitz- und Einkommensverteilung um 1700

Aufgabe:

5. Zeige die Schichtung der französischen Gesellschaft zur Zeit Ludwigs XIV. Trage die folgenden Berufs- und Bevölkerungsgruppen in das Schema (M 4) ein (besonders Privilegierte in den obersten Kasten usw.):

- „Rentner" [1]
- wohlhabende Adlige
- Angehörige des Königshauses
- Pächter
- hohe (adlige) Offiziere
- Inhaber kleiner Betriebe
- Rechtsanwälte
- Handwerksgesellen

- Notare
- Bauern
- Soldaten
- Hochadel (Herzöge)
- Steuerpächter
- Offiziere
- Handarbeiter
- Handwerker

- Ärzte
- Kaufleute und Manufakturbesitzer
- niederer Klerus
- Tagelöhner
- Heereslieferanten
- Landarbeiter
- wohlhabende Geistliche

[1] Als Rentner werden Personen bezeichnet, welche über arbeitsloses Einkommen aus Grundbesitz oder Teilhabe an Manufakturen verfügen und selbst keinen Beruf ausüben.

M 5

Hierarchie der Stoffe – Hierarchie der Gesellschaft

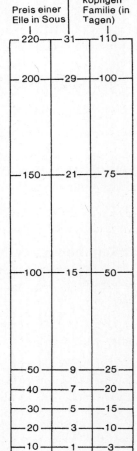

① Die Stoffe der kleinen Leute
② Die Stoffe der Mittelschichten
③ Die Stoffe der Aristokratie

aus: Mieck, Ilja: Die Entstehung des modernen Frankreich. S. 131 © Kohlhammer Verlag, Stuttgart 1982

M 1

Wer sind die Hugenotten?

Hugenotten nannte man die französischen Protestanten (Calvinisten) seit der Mitte des 16. Jahrhunderts. Ihre Lebensführung war streng nach der Bibel ausgerichtet. Sie fanden ihre Anhänger vor allem beim französischen Hochadel, bei den Handwerkern und anderen Stadtbewohnern. Die Forderung der Hugenotten nach Anerkennung ihres Glaubens und nach Gleichstellung mit den Katholiken führte zwischen 1562 und 1629 zu blutigen Konfessionskriegen (insgesamt gab es 10 Hugenottenkriege). Den französischen Königen, die eine Zentralisation der Herrschaft anstrebten und eng mit der katholischen Kirche verbunden waren, war die konfessionelle Teilung des Landes zuwider; sie versuchten deshalb mit allen Mitteln, die Kirchenspaltung rückgängig zu machen.

Beim Regierungsantritt Ludwigs XIV. lebten in Frankreich über eine Million Hugenotten – verstreut in etwa 630 Gemeinden. Die Autoren

M 2

Die Geschichte der Hugenotten

Seit etwa 1545 Bildung von kleinen calvinistischen Gemeinden in Frankreich unter dem Einfluß des Genfer Calvinismus

1551 Edikt von Châteaubriant über die Unterdrückung der „Ketzerei" in Frankreich

1559 erste Nationalsynode der französischen Hugenotten in Paris: Formulierung ihres Glaubensbekenntnisses (Confessio Gallicana)

1562 Blutbad von Vassy: Ermordung zahlreicher Hugenotten durch die katholische Gegenpartei (Beginn der Hugenottenkriege)

1563 Zugeständnis von „Sicherheitsplätzen" (Orte, an welchen calvinistische Gottesdienste gestattet waren)

23./24. August 1572 „Bartholomäusnacht": Ermordung von über 12 000 Hugenotten, darunter mehrere Angehörige des französischen Hochadels (Ausbruch des 4. Hugenottenkrieges)

1585 Edikt von Nemours: Aufhebung der bisher den Hugenotten eingeräumten Rechte durch den französischen König

1589 Heinrich von Navarra (Anhänger des Calvinismus) wird als Heinrich IV. König von Frankreich

13. April 1598 Edikt von Nantes: Zusicherung freier Religionsausübung und politischer Sicherheit für die Hugenotten durch Heinrich IV., der zuvor vom Calvinismus zum katholischen Glauben übergetreten war.

1629 „Gnadenedikt" von Nîmes: Umwandlung der Sicherheitsplätze der Hugenotten in offene Städte; Aufhebung der Sonderrechte der Hugenotten (bei Erhaltung ihrer religiösen Freiheiten)

18. Oktober 1685 Edikt von Fontainebleau: Aufhebung des Edikts von Nantes durch Ludwig XIV.; massive Beschränkungen für die freie Glaubensausübung der Hugenotten (vgl. M 7); Auswanderung und Flucht von etwa 200 000 calvinistischen Franzosen aus ihrer Heimat. Die Autoren

Aufgabe:

1. Beschreibe das Verhältnis zwischen den französischen Königen und den Hugenotten (M 1 und M 2).

M 3

Ludwig XIV. und die katholische Kirche

Die katholische Kirche in Frankreich war dem König aufs engste verbunden und beide hatten vor allem ein Ziel vor Augen, nämlich ihre Machtstellung zu befestigen und auszudehnen.

Die katholische Kirche übte eine außerordentlich vielgestaltige und wirksame obrigkeitliche Gewalt aus, denn sie war zuständig für die allgemeine Sitten- und Verhaltenskontrolle aller Franzosen; außerdem mußten die katholischen Geistlichen die vom König erlassenen Anordnungen und Gesetze während oder nach dem Gottesdienst den Gläubigen bekanntgeben. Über die Geistlichkeit erreichte die weltliche Obrigkeit somit den letzten Untertanen im entferntesten Winkel des Königreiches. Dem König mußte deshalb alles daran liegen, Glaubensspaltungen zu verhindern – seine Devise lautete: „Ein Gott, ein Glaube, ein Gesetz, ein König".

aus: Gaxotte, Pierre: Ludwig XIV., 1988, S. 220–223. © by nymphenburger in der F. A. Herbig Verlagsbuchhandlung GmbH, München

> „Die Verfügung über die Kirche war [...] eines der wichtigsten Souveränitätsrechte und sicherlich dasjenige, das den Aufstieg der Souveränität, aber auch ihre Sicherung garantierte."
>
> aus: Engel, Josef: Handbuch der Europäischen Geschichte, Band III, Frankfurt/M. 1971, S. 415.

Aufgabe:

2. Stelle die Gründe für die Verfolgung der Hugenotten zur Zeit Ludwigs XIV. zusammen.

M 4

„Nadelstiche"

Durch zahlreiche schikanöse Verordnungen sollten nach dem Regierungsantritt Ludwigs XIV. die Hugenotten gezwungen werden, ihrem Glauben abzuschwören und zum Katholizismus zurückzukehren:

- Beerdigungen von Hugenotten waren nur nachts erlaubt;
- die Kinder der Hugenotten durften nur im Lesen, Schreiben und Rechnen unterrichtet werden;
- für jede Hugenottengemeinde war nur ein Lehrer zugelassen (einen Lehrer für ca. 600 Schüler);
- Hugenottische Handwerksmeister durften in Paris keine Lehrlinge einstellen und ausbilden;
- viele Berufe (z. B. Arzt, Buchdrucker, Rechtsanwalt, Buchhändler) durften von Hugenotten nicht ausgeübt werden;
- Kinder aus Mischehen (Vater oder Mutter hugenottischen Glaubens) galten als unehelich und waren nicht erbberechtigt;
- um die Hugenotten zum Abschwören ihres Glaubens zu bewegen, wurde die „Dragonade" erfunden: Einquartierung von Soldaten, die in den Wohnungen der Hugenotten lebten und von diesen verpflegt werden mußten („gestiefelte Missionare").

nach: Gaxotte, Pierre: LudwigXIV., 1988, S. 232–237. © by nymphenburger in der F. A. Herbig Verlagsbuchhandlung, München

M 5

„Dragonade"

Der Hugenotte Jean Migault aus Poitou berichtet (1682):

Gewöhnlich verließ die Truppe ein Kirchspiel nicht, solange einer protestantischen Familie noch irgendwelche Möbel, Hausgeräte oder Dinge, die man zu Geld machen konnte, verblieben. Man verlangte 15 Francs Einquartierungsgeld pro Tag für den höheren Offizier, 9 Francs für einen Leutnant und 3 Francs für einen Soldaten; wurde diese Auflage nicht mehr pünktlich bezahlt, so war es Brauch, das Mobiliar und das Vieh zu verkaufen. [1]

[...] Der Quartiermeister (zeigte) sich, in der Hand ein Quartierbillet haltend, und, ohne abzusteigen, (fragte) er uns in barschem Tone, ob es unsere Absicht sei, katholisch zu werden [...] Auf die feierliche Versicherung, welche wir gaben, daß wir unsere Religion nicht wechseln wollten, machte er sofort kehrt. Einige Augenblicke später sahen wir zwei Soldaten herankommen, welche ihre Quartierbillets vorzeigten und welche, nachdem sie ihre Pferde in meinen Stall gebracht hatten, ein Mittagessen anzurichten befahlen, das, ohne irgendwelche Übertreibung, mehr als ausreichend für zwanzig Personen gewesen wäre. Während wir damit beschäftigt waren, dieses Mal zu bereiten, ritten [...] zwei ihrer Kameraden in den Hof und führten ebenfalls ihre Tiere in den Stall; sie hatten ihn kaum verlassen, als sich noch ein anderer Soldat zeigte und sich, nachdem er seinem Pferd alles gegeben hatte, was nötig war, ohne weiteres in mein Zimmer setzte [...]

In der vergeblichen Hoffnung, die Standhaftigkeit ihres Opfers zu besiegen, fingen die Soldaten an, den heiligen Namen Gottes zu lästern [...] und drohten meiner Frau, sie zu verbrennen, wenn sie nicht augenblicklich dem Protestantismus abschwören würde [...] Am anderen Morgen schworen alle Protestanten unseres Kirchspiels ihre Religion förmlich ab, mit Ausnahme von ungefähr zwanzig Familien, die beim Herannahen der Reiter ihre Häuser verlassen hatten. Unsere Betten, unsere Wäsche, unsere Kleider, alles, was wir besaßen, wurde verkauft oder vernichtet [...]

Es kann keine gesunde Politik sein, Menschen zu erbittern und sie zum Haß gegen eine Regierung zu zwingen, die sie so gern geliebt und unterstützt hätten.

[1] Ein Handwerker verdiente am Tag etwa 1/4 Franc.

nach: Foerster, Rolf Hellmut: Die Welt des Barock, München 1970, S. 191–193.

M 6

„Der Soldat als Missionar"

aus: Duby, Georges: Histoire de la France, Paris 1971, S. 198
Foto: Joachim W. Siener, Württ. Landesbibliothek, Stuttgart

Aufgaben:

3. Nenne die einzelnen Maßnahmen, mit welchen man die Hugenotten zur Abkehr von ihrem Glauben bewegen wollte (M 4–M 6).
4. Beurteile diese Maßnahmen (M 4–M 6).

M 7

Die Aufhebung des Edikts von Nantes

(Edikt von Fontainebleau vom 18. Oktober 1685) – Auszüge

1. Wir tun zu wissen, daß wir [...] unterdrücken und aufheben das Edikt des Königs, Unseres [...] Großvaters, gegeben zu Nantes im Monat April 1598, in seiner ganzen Ausdehnung [...]
2. Wir verbieten Unseren besagten Untertanen (den Hugenotten) [...] sich noch ferner zu versammeln, um den Gottesdienst nach der besagten Religion an irgendeinem Orte oder in einem Privathaus.
3. Wir befehlen ernstlich allen Predigern der besagten [...] Religion, die sich nicht bekehren [...], vierzehn Tage nach der Veröffentlichung Unseres gegenwärtigen Ediktes Unser Königreich und die Länder Unserer Botmäßigkeit zu verlassen, bei Strafe der Galeeren [...]
6. Wir verbieten die besonderen Schulen der vorgeblich reformierten Religion zum Unterricht der Kinder [...]
7. In betreff der Kinder, die denen von der besagten Religion geboren werden, wollen Wir, daß sie fortan durch die Seelsorger der (katholischen) Pfarreien getauft werden [...]
9. Wir verbieten ganz ausdrücklich [...] allen Unseren Untertanen von der genannten [...] Religion, ihnen, ihren Frauen und Kindern aus Unserem [...] Königreiche, den Ländern und Gebieten Unserer Botmäßigkeit auszuwandern oder ihre Güter und Besitztümer daraus zu entfernen, bei Strafe der Galeeren für die Männer und Einziehung von Leib und Gut für die Frauen.
10. [...] Im übrigen können die von der genannten [...] Religion, bis es Gott gefällt, sie wie die übrigen zu erleuchten, in den Städten und Orten Unseres Königreiches [...] bleiben und dort ihren Handel fortsetzen und ihre Güter genießen [...] unter der Bedingung, wie gesagt, weder Gottesdienst zu veranstalten, noch unter dem Vorwande von Gebeten oder von Kulthandlungen der besagten Religion, welcher Art sie auch seien, sich zu versammeln, bei den vorher bezeichneten Strafen.

Geschichte in Quellen, Band 3, München 1982, S. 454–456.

Aufgaben:

5. Fasse die einzelnen Punkte des Edikts von Fontainebleau stichwortartig zusammen.
6. Skizziere das von Ludwig XIV. angestrebte Verhältnis zwischen König, Kirche und Untertanen.
7. Die Aufhebung des Edikts von Nantes wird allgemein als ein Fehler Ludwigs XIV. bezeichnet. Nimm zu dieser Bewertung Stellung (M 8 und M 9).

M 8

Auszug der Hugenotten aus Frankreich

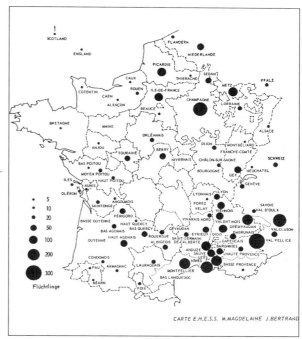

aus: Thadden, Rudolf von/Magdelaine, Michel (Hg.): Die Hugenotten, München 1985, S. 238.

M 9

Unheilvolle Folgen

Die Entscheidung wurde zwar von der großen Mehrheit der Franzosen mit Begeisterung aufgenommen, doch sie sollte schlimme Konsequenzen haben:

1. Trotz der angedrohten Strafen verließen zwei- bis dreihunderttausend Menschen, die auf alles verzichteten, ihr Land. Der Auszug dieser Elite, in der sich viele ausgezeichnete Handwerker, Intellektuelle und erfahrene Militärs und Soldaten befanden, schwächte Frankreich [...]
2. Die Verfolgung löste in allen protestantischen Ländern Europas große Empörung aus und führte zur Entstehung von Koalitionen (gegen Frankreich) [...]
3. 1702 erhoben sich die calvinistischen Bauern in den Cevennen [...] Der Bürgerkrieg, eine Art Partisanenkrieg, dauerte drei Jahre, von 1702 bis 1705, und band Tausende von Soldaten aus den besten Truppeneinheiten [...]
4. Alle Verfolgungen konnten den Protestantismus in Frankreich nicht völlig auslöschen. Gegen Ende der Regierungszeit Ludwigs XIV. wurde er sogar wieder kräftiger.

aus: Bertier de Sauvigny, Guillaume André de: Die Geschichte der Franzosen, Hamburg 1980, S. 195.

M 1

Gesamtansicht der Schloßanlage (Luftbild)

aus: Bèquet, Pierre: Ville nouvelle – Capitale modèle – Versailles, 1986, S. 75

M 2

Die Parkseite des Schlosses

aus: Bèquet, Pierre: a. a. O., S. 24

Aufgaben:

1. Beschreibe die Wirkung der abgebildeten Schloßanlage (M 1 und M 2).
2. Warum wird Versailles als Symbol für die Machtentfaltung Ludwigs XIV. bezeichnet?
3. Nenne Dir bekannte europäische Schlösser, die nach dem Vorbild von Versailles errichtet worden sind.

M 3

Baugeschichte und Funktionen des Schlosses

Kurz nach seinem Regierungsantritt ließ Ludwig XIV. mit dem Bau des Schlosses beginnen; die Pläne dafür hat er wesentlich beeinflußt. 1682 verlegte er den Regierungssitz nach Versailles, aber es wurde immer noch weitergebaut; 1684 arbeiteten noch 20 000 Männer und 6000 Pferde an der Schloßanlage.

Das Schloß bot Platz für 10 000 Bewohner, hinzu kamen 10 000 Soldaten zur Bewachung.

Die ganze Schloßanlage war auf die Person des Herrschers und dessen Verherrlichung ausgerichtet:

– Die Empfangsräume trugen Namen antiker Götter, die die verschiedenen Rollen des Königs symbolisierten.

– In der Schloßkapelle war die Gebetsloge des Königs so angelegt, daß die Kirchenbesucher nicht den Altar, sondern den König sahen.

– Die Deckengemälde im großen Spiegelsaal schilderten die Taten Ludwigs XIV.

– Am Eingang in den äußeren Hof standen zwei Plastiken, von welchen die eine eine Siegesgöttin darstellte, die einen Adler unter ihren Füßen hatte, während die andere auf einem Löwen stand. Die erste symbolisierte den Sieg Ludwigs über Deutschland, die andere über Spanien.

Die Baukosten hatten etwa 70 Millionen Livres betragen, dies entsprach der Summe aller Staatseinnahmen eines Jahres.

Das Schloß Ludwigs XIV. wurde zum Vorbild zahlreicher absolutistischer Residenzen in Europa.

An die Bauwerke schloß sich der riesige Schloßpark an. Ein 700 Meter langer See, 1400 Brunnen und Fontänen, zahlreiche Pavillons und ein kilometerlanges Wegenetz standen hier der Hofgesellschaft zur Verfügung.

nach: Foerster, R. H.: Die Welt des Barock, München 1970 und Gaxotte, Pierre: Ludwig XIV., Frankfurt 1988

Aufgaben:

4. Mit welchen Mitteln wird die Person des absolutistischen Königs ins Zentrum gerückt?

5. Zeige die Verbindungen zwischen den Funktionen des Schlosses von Versailles und der absolutistischen Staatsform auf.

M 4

Der Spiegelsaal im Schloß von Versailles

Der Spiegelsaal ist der Glanzpunkt Versailles', die Bühne für Ludwigs große Kostümbälle, königliche Hochzeitsfeiern und formelle Empfänge für Würdenträger und Botschafter aus Europa und fernen Ländern wie Persien, Siam oder der Türkei.

(Der Saal war) auf einer ehemaligen 73 Meter langen Terrasse errichtet mit der Vorderfront nach Westen auf den Park [...] Überflutet vom Licht der siebzehn Bogenfenster, war der Spiegelsaal der Ort, an dem Adlige und Höflinge, gekleidet nach der neuesten Mode, mit funkelnden Juwelen, dicht gedrängt darauf warteten, den König zu sehen. Bei Nacht wurde der Saal von dreitausend Kerzen beleuchtet. Der Glanz des Raumes und das Funkeln der juwelengeschmückten Menschenmenge wurde durch die wunderschönen Spiegel noch vervielfältigt.

aus: Grunfeld, Frederic V.: Die Könige von Frankreich. S. 104.
© 1983 by Christian Verlag, München

M 5

Aus einem Memorandum Colberts an Ludwig XIV.

Eure Majestät kehren nach Versailles zurück. Ich bitte Sie, mir zu erlauben, Ihnen zu diesem Gegenstand einige Worte des Bedenkens zu sagen, die ich oft habe und die Sie, wenn es Ihnen gefällt, meinem Eifer vergeben werden. Dieses Haus ist mehr auf die Vergnügungen und die Unterhaltung Eurer Majestät angelegt als auf Ihren Ruhm, und da Sie aller Welt zu erkennen geben, wie sehr Sie diesem vor jenen den Vorzug geben und wie dies sicherlich Ihren innersten Gefühlen entspricht [...], würde ich glauben, der Treue, die ich Ihnen schulde, Abbruch zu tun, wenn ich Ihnen nicht sagte, daß es wohl recht und billig ist, daß nach einer so großen und starken Hingabe, die Sie den Staatsgeschäften zur Bewunderung der ganzen Welt widmen, Sie etwas an Ihre Vergnügungen und Unterhaltungen wenden, aber daß man darauf achten muß, daß diese ihrem Ruhme nicht zum Nachteil gereichen.

Wenn indessen Eure Majestät in Versailles suchen wollen, wo die mehr als fünfhunderttausend Taler geblieben sind, die dort in zwei Jahren ausgegeben wurden, so werden Sie sicher Mühe haben, sie zu finden [...]

O welch ein Jammer, wenn der größte König und der tugendhafteste [...] mit der Elle von Versailles gemessen werden sollte [...]

aus: Foerster, R. H.: a. a. O., S. 163

A 13 Das Schloß von Versailles

Aufgaben:

6. Welche Rückschlüsse kann man aus M 4 und M 5 auf das Hofleben in Versailles ziehen?

7. Warum kritisiert Colbert in seinem Memorandum den König (M 5, vgl. M 6)?

8. Charakterisiere den von Colbert in diesem Schreiben angewandten Stil.

9. Welche wichtige Funktion von Versailles übersieht Colbert?

M 6

Theateraufführung in Versailles (1674)

aus: Duby, Georges (Hg.): Histoire de la France, Paris 1971, S. 195. Foto: Joachim W. Siener, Württ. Landesbibliothek, Stuttgart

M 1

Der König und sein Hofstaat

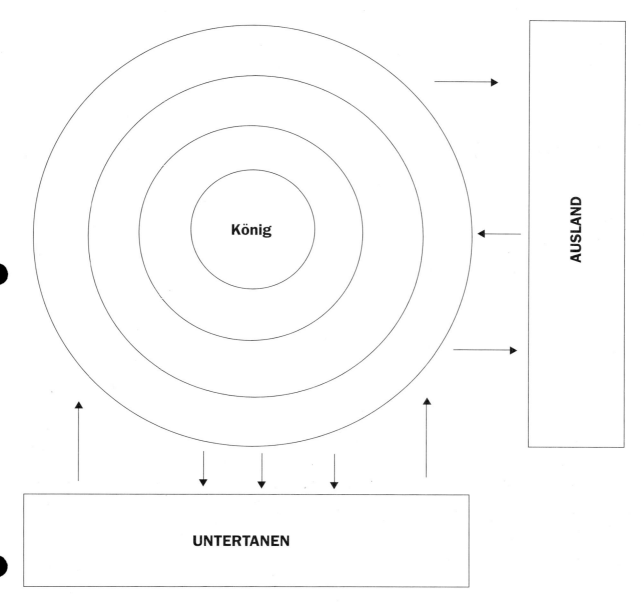

Aufgaben:

1. Trage die Mitglieder der Hofgesellschaft – ihrer Nähe zum König entsprechend – in das Kreisschema ein und beschrifte die Pfeile. (Mitglieder der Hofgesellschaft: Bedienstete, Feuerwehr, königliche Familie, Köche, Wachen, Mitglieder der Regierung (Minister), Schauspieler und Musiker, Adlige, Gärtner, ausländische Diplomaten (Besucher) – Angehörige des Hochadels)

2. Erörtere die Bedeutung des Hofes für das absolutistisch regierte Frankreich zur Zeit Ludwigs XIV.

M 2

Das Zeremoniell – ein Machtinstrument in der Hand des Königs

Der Herzog von Saint-Simon, der als Patenkind Ludwigs XIV. an den Hof gekommen und später in Ungnade gefallen war, berichtet:

Der König benutzte die zahlreichen Feste, Spaziergänge und Ausflüge als Mittel der Belohnung und Strafe, je nachdem er dazu einlud oder nicht. Da er einsah, daß er nicht genug Gnaden zu spenden hatte, um fortwährend Eindruck zu machen, ersetzte er die reellen Belohnungen durch eingebildete, durch Erregung von Eifersucht, durch kleine alltägliche Begünstigungen, durch seine Gunst. Niemand war in dieser Hinsicht erfinderischer als er. Eine solche Gunst erwies er jeden Abend einem der Herren vom Hofe, wenn er ihm erlaubte, den Leuchter mit der brennenden Kerze bei seinem „Coucher" [1] zu halten. Eine andere Erfindung war das Rockprivilegium: Ein besonderer Rock – blau mit roten Aufschlägen, roter Weste, prachtvoller Gold- und Silberstickerei – durfte nur von wenigen getragen werden, und deren Zahl war fest bestimmt. Die vornehmsten Herren des Hofes hielten es für eine große Gunst, wenn sie die Bewilligung erhielten, den blauen Rock zu tragen. Der Staatssekretär, der zugleich Minister des königlichen Hauses war, fertigte darüber eine Urkunde aus. Nur wer die Erlaubnis hatte, dem König auf seinen Ausflügen von Saint-Germain nach Versailles ohne besondere Einladung zu folgen, hatte Anspruch darauf […] Ich habe nie gesehen, daß der Dauphin [2] oder der Herzog von Orléans solche Röcke trugen; sehr oft aber sah ich ihn an den drei Söhnen des Dauphins und den anderen Prinzen. Bis zum Tode des Königs gab es jedesmal, wenn ein Platz frei wurde, einen Wettstreit unter den Vornehmsten des Hofes, wer der Nachfolger würde.

Der König achtete aber nicht nur darauf, daß der hohe Adel sich an seinem Hof einfand, er verlangte es auch von dem niederen. Bei seinem Lever [3] und seinem Coucher, bei seinen Mahlzeiten, in seinen Gärten in Versailles, immer sah er sich um und bemerkte jedermann. Den Vornehmen nahm er es übel, wenn sie ihren ständigen Aufenthalt nicht bei Hof nahmen, den anderen, wenn sie nur selten kamen, und seine volle Ungnade traf jene, die sich nie oder nur selten zeigten. Wenn einer von diesen ein Anliegen hatte, sagte der König nur „Ich kenne ihn nicht", und dieses Urteil war unwiderruflich.

[1] Coucher – zu Bett gehen; [2] Dauphin – Kronprinz; [3] Lever – aufstehen

aus: Foerster, R. H.: Die Welt des Barock, München 1970, S. 168 f.

Aufgaben:

3. Stelle die Mittel zusammen, mit welchen Ludwig XIV. den Mitgliedern seiner Umgebung seine Gunst oder seine Mißbilligung anzeigte.
4. Warum legte der König großen Wert darauf, daß die französischen Adligen sich am Hofe aufhielten? (vgl. M 1).

M 3

Ein Tag in Versailles

(Auszug aus einem Brief Liselottes von der Pfalz – 6. Dezember 1682)

Alle montag, mittwoch und freitag seind jours d'appartment. Da versammeln sich alle mannsleut von hof ins Königs antichambre [1] und alle weiber um sechs in der Königinkammer. Hernach geht man alle miteinander in den salon […], von darin ein groß Kabinett, allwo die violons sein vor die, so tanzen wollen. Von dar geht man in eine Kammer, wo des Königs thron ist. Da find man allerhand musik, konzerten und stimmen. Von dar geht man in die schlafkammer, allwo drei tafeln stehen, um karten zu spielen, vor den König, die Königin und Monsieur [2]. Von dar geht man in eine Kammer, so man wohl einen saal nennen kann, worinnen mehr als zwanzig tisch stehen mit grünen sammeten teppichen mit golden fransen, um allerhand spiel zu spielen. Von dar geht man in eine große antichambre, allwo des Königs billard steht; von dar in eine andre Kammer, allwo vier lange tisch, worauf die collation [3] ist, allerhand sachen, obstkuchen, confituren. Das sieht eben aus wie die christkindertafeln am christabende. Sobald als man von der collation kommt, welche man stehend ißt, geht man wieder in die Kammer, wo so viel tafeln stehen, und da teilt sich jedes zu seinem Spiel aus, und wie mancherlei spiel da gespielt werden, ist nicht zu begreifen: landsknecht, trictrac, piquet, l'hombre, schach […] summa summarum, was man nur erdenken mag von spielen. Wenn der König oder die Königin in die Kammer kommen, steht niemand von seinem spiel auf.

Die nicht spielen als wie ich und noch viele andere mehr, die schlendern herum, von einer Kammer zu der andern, bald zu der musik, bald zu den spielen […]; dieses währt von sechs bis um zehn, daß man zum nachtessen geht […]

[1] antichambre – Vorzimmer; [2] Monsieur – Bruder des Königs; [3] collation – Frühstück, Lunch

aus: Liselotte von der Pfalz: Briefe, München bei Ebenhausen 1966, S. 58 f.

Aufgabe:

5. Stelle die Tätigkeiten der Hofgesellschaft an einem jour d'appartement zusammen und charakterisiere diese Art des Tagesverlaufs.

M 1

Die Organisation des Heerwesens in Frankreich

Das Söldnerheer
Die Schöpfung des dauernden Soldheeres bedeutet zugleich auch, daß das Soldheer eine dauernde Organisation bekommt: Rekrutierung, Formierung, Disziplinierung, Exerzierung, Ausrüstung, Unterhaltung der Armee [...] – erst im Zeichen des stehenden Heeres kann von einer eigentlichen Institutionalisierung dieser Erfordernisse die Rede sein, die zugleich mit einem Höchstmaß an technischer Zweckmäßigkeit, Effizienz, Rationalität, Modernität einhergeht [...]
Die absolute Verfügungsgewalt der Krone über dieses Heer hat ihre Grundlage in dem Gesetz, daß allein der König das Recht habe, Truppen auszuheben [...] Der König verbietet allen Untertanen, gleich welchen Standes, welcher Würde, welchen Amtes sie seien, unter irgendeinem Vorwand Truppen aufzustellen, außer auf seinen ausdrücklichen Befehl hin, widrigenfalls soll gegen die Verantwortlichen als gegen Rebellen und Verletzer der königlichen Majestät vorgegangen werden [...] Die königliche Herrschaft über das Rekrutierungsverfahren bewirkt, daß das Heerwesen zu einer Veranstaltung des monarchischen Staates wird. Die andere Seite dieses königlichen Kriegsunternehmertums ist die Bereitschaft der Krone, dauerhaft für die Finanzierung des Heeres aufzukommen.

nach: Muhlack, Ulrich: Absoluter Fürstenstaat und Heeresorganisation in Frankreich im Zeitalter Ludwigs XIV.; in: Kunisch, Johannes (Hg.): Staatsverfassung und Heeresverfassung in der europäischen Geschichte der frühen Neuzeit, Berlin 1986, S. 255–257.

M 2

Das Heer und die königliche Gewalt

(Auszug aus den Memoiren Ludwigs XIV.)

Da das, was die Gouverneure am meisten in ihren Ämtern selbständig gemacht hatte, die Verfügung über die eingehenden [...] Steuern war und die Freiheit, ihre Garnisonen mit Truppen auszustatten, die von ihnen abhingen, beschloß ich, ihnen nach und nach das eine und das andere wegzunehmen und ließ allmählich in allen bedeutenden Städten Armeetruppen einziehen, die einzig von mir abhingen [...]
Und das, was man einige Jahre zuvor weder vorzuschlagen noch auszuüben gewagt hätte, vollzog sich nun mühelos und ohne Geräusch, da jeder der Gouverneure von mir die Belohnungen erwartete und empfing, die ihm zustanden, wenn er seine Pflicht tat.

nach: Mager, Wolfgang: Vom Ancien Régime zur Moderne. S. 152. © Kohlhammer Verlag, Stuttgart 1982

Aufgabe:

1. Erarbeite den Zusammenhang zwischen absoluter Monarchie und neuer Heeresstruktur (M 1/M 2).

M 3

Die Heeresreform zur Zeit Ludwigs XIV.

Maßnahmen

- Steigerung der Zahl der unter Waffen stehenden Männer von 40 000 auf 170 000 (in Kriegszeiten bis auf 300 000) Mann
- Feste Besoldung der Soldaten, um Plünderungen zu verhindern
- Aufstellung eindeutiger Vorschriften für die Verpflichtung von Strafgefangenen als Soldaten
- Schaffung der Artillerie als eigene Truppengattung („Kanoniere")
- Schaffung der Truppengattung der Dragoner, die sich zu Pferde bewegen, aber zu Fuß kämpfen
- Vereinheitlichung der Ausbildung, des Exerzierens und der sonstigen Übungen
- Aufbau einer klaren Befehlsstruktur
- Einführung neuer Dienstgrade: Major und Oberstleutnant, die im Unterschied zu den Ämtern eines Hauptmanns und eines Obersten nicht käuflich waren
- Einrichtungen von Kadettenanstalten zur systematischen Schulung der Offiziere
- Kontrolle der Offiziere durch zivile Generalinspekteure und Kommissare
- Durchsetzung einer einheitlichen Uniform für die Angehörigen jedes Regiments
- Ersetzung der schweren und unhandlichen Muskete durch ein Gewehr mit Steingeschossen, auf welches man ein Bajonett aufpflanzen konnte
- Sicherung der Verpflegung der Armee durch ein Netz von Magazinen und einen Transportdienst
- Einrichtung einer Alters- und Invalidenversorgung für die Soldaten (Hospital der Invaliden)

nach: Bertier de Sauvigny, Guillaume-André de: Die Geschichte der Franzosen, Hamburg 1980, S. 197–199.

Aufgaben:

2. Ordne den einzelnen Maßnahmen der Heeresreform geeignete Oberbegriffe zu.
3. Welchem Ziel dienten die in M 3 genannten Maßnahmen?

M 4

Die Einführung der „allgemeinen Wehrpflicht"

Seit 1688 existierte in Frankreich als Vorläufer der allgemeinen Wehrpflicht das von Louvois begründete Bürgerheer [...] Fortan sollte das gesamte Volk direkt an den Kriegslasten beteiligt werden [...] Die Gemeinden mußten aus ihrer Mitte einen Milizsoldaten wählen und zwei Jahre lang zur Verfügung stellen; später wurde der Wahlvorgang durch das Losverfahren ersetzt [...] Die Milizsoldaten bildeten zunächst spezielle Einheiten, die nicht in der regulären Armee aufgingen [...] Sie beschwerten sich ständig, und ihre Disziplin sowie vor allem ihre patriotische Gesinnung ließen viel zu wünschen übrig. Ganze Landstriche protestierten gegen die Aufstellung des Bürgerheeres, und als 1697 die Miliztruppen aufgelöst wurden, ging eine Welle der Erleichterung durch das gesamte Königreich.

1701 wurde das Bürgerheer jedoch wieder eingeführt [...] Man versuchte jetzt erstmals, Freiwillige und Wehrpflichtige, Hilfstruppen und Berufssoldaten miteinander zu verschmelzen. Die Milizsoldaten wurden nicht mehr in Regimentern, sondern in Bataillonen zusammengefaßt, und jedes dieser Bataillone wurde einem regulären Infanterieregiment unterstellt und auf weitentfernten Kriegsschauplätzen – in Italien und Spanien – eingesetzt [...] Die Milizsoldaten waren jetzt zu einem mindestens dreijährigen Dienst verpflichtet. Sie neigten dazu, ständig zu klagen und zu murren. Daß Frankreich nunmehr eine nationale Streitmacht verfügte, konnte ihnen keine große Begeisterung entlocken. Sie litten darunter, daß sie fern der Heimat weilten, in der das Land verödete, daß sie einer strengen Disziplin unterworfen wurden und großen Gefahren ausgesetzt waren, aus denen sie vielleicht nicht mehr zurückkehrten [...]

Innerhalb von zwölf Jahren (1701–1712) dienten insgesamt über 250 000 Männer im Bürgerheer, jedes Jahr wurden ungefähr 22 000 Milizsoldaten eingezogen; 1711 waren es fast 39 000 Mann. In Frage kamen alle Männer zwischen 18 und 40 Jahren, die mindestens 1,62 Meter groß waren und unter keinen Gebrechen litten. Die Angehörigen der privilegierten Stände (Aristokraten, Geistliche, Beamte sowie Gesellen und Meister der städtischen Handwerksbetriebe) waren meistens von der Dienstpflicht im Bürgerheer ausgenommen. Die Milizsoldaten stammten daher in erster Linie aus ländlichen Gebieten und waren in der Regel Bauernburschen oder Handwerker. Sobald eine Truppenaushebung bevorstand, setzte auf dem flachen Land eine wilde Flucht ein. Die meisten jungen Männer suchten durch Flucht der Einziehung zur Miliz zu entgehen.

nach: Bluche, Francois: Im Schatten des Sonnenkönigs, Würzburg 1986, S. 208–210.

Aufgaben:

4. Beschreibe die Reaktionen auf die Aushebung von Milizsoldaten, und zeige daran die Einstellung des Volkes zu den Kriegen Ludwigs XIV.
5. Nenne mögliche Gründe für die Aufstellung von Milizsoldaten neben dem Söldnerheer.

M 5

Die Entwicklung der Heeresstärke in der Zeit Ludwigs XIV.

1664:   40 000 Mann
1672: 120 000 Mann
1688: 290 000 Mann
1703: 400 000 Mann

aus: Mieck, Ilja: Europäische Geschichte der Frühen Neuzeit. S. 188. © Kohlhammer Verlag, Stuttgart 1981

M 6

Die Bedeutung stehender Heere

Nicht nur für die Kriegsführung und das gesamte Militärwesen bedeutete die Einführung stehender Heere einen qualitativen Wandel; sie beeinflußte nachhaltig auch den Prozeß frühneuzeitlicher Staatsbildung und wirkte sich folgenreich auf das Verhältnis der Staaten untereinander aus.

Regierungen, die über stehende Truppen verfügten, besaßen in ihnen ein gewichtiges Druckmittel und waren in der Lage, im Kriegsfalle schnell zu handeln. Sie waren allerdings auch zu einem ständigen finanziellen Aufwand genötigt, der ohne neue und permanente Landessteuern nicht zu leisten war.

aus: Kroener, Bernhard R. (Hg.): Europa im Zeitalter Friedrichs des Großen, S. 25. © R. Oldenbourg Verlag, München 1989

Aufgabe:

6. Welche Konsequenzen ergaben sich aus der wachsenden Heeresstärke für Frankreich in der Zeit Ludwigs XIV.?

M 1

Zwei Festungsgrundrisse aus dem Festungsbuch des Nicolas Person

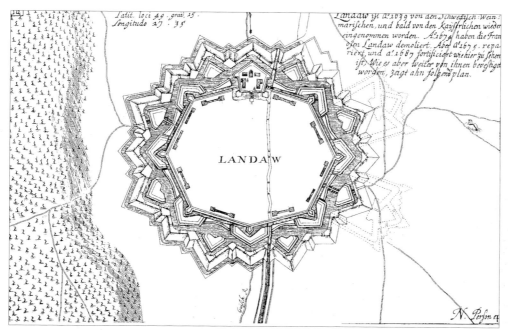

aus: Meurer, Peter H. (Hg.): Das Festungsbuch des Nicolas Person, Bad Neustadt a. d. Saale 1984, S. 61. Mit Genehmigung des Verlages Dietrich Pfaehler. Foto: Joachim W. Siener, Württ. Landesbibliothek, Stuttgart

M 2

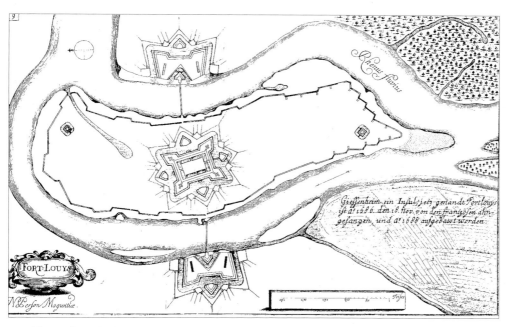

aus: Meurer, Peter H. (Hg.), a. a. O., S. 55. Foto: JoachimW.Siener, Württ. Landesbibliothek, Stuttgart

Aufgaben:

1. Beschreibe die abgebildeten Festungsanlagen (M 1 und M 2).

2. Welche Besonderheiten weisen diese Anlagen im Vergleich mit einer mittelalterlichen Burg auf?

M 3

Die von Vauban erbaute französische Festung Neu-Breisach

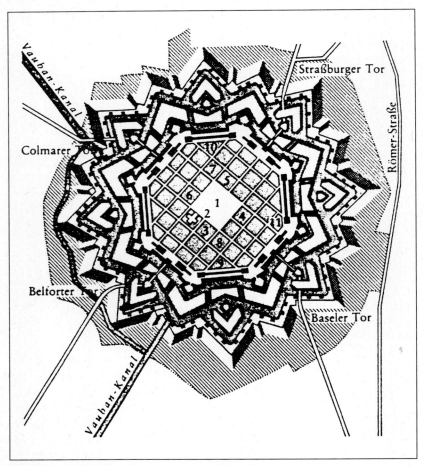

aus: Vierhaus, Rudolf: Staten und Stände, Frankfurt/M. 1990, S. 232

1. Exerzierplatz
2. Kirche und Friedhof
3. Pfarrei
4. Rathaus, Gefängnis und Hafenkommandantur
5. Gouverneurs- und Offizierswohnungen
6. Intendantur und Zivilverwaltung
7. Zeughaus
8. Markt und Markthalle
9. Verpflegungslager
10. Holzlager
11. Kloster

Aufgabe:

3. Zeige am Beispiel von Neu-Breisach den Zusammenhang zwischen Festungsanlagen und Stadt.

M 4

Das Festungssystem Vaubans

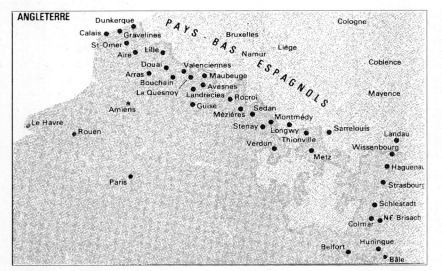

aus: Duby, Georges (Hg.): Histoire de la France, Paris 1971, S. 180. Foto: Joachim W. Siener, Württ. Landesbibliothek, Stuttgart

Aufgaben:

4. Welche Funktionen hatte das Festungssystem Vaubans?
5. Warum war das Schloß von Versailles, der Aufenthaltsort des königlichen Hofes, nicht als Festung errichtet worden?

M 1

Die Außenpolitik Ludwigs XIV. (Übersicht)

1. **1660:** Aus seiner Ehe mit der spanischen Prinzessin Maria Theresia leitet Ludwig XIV. einen Erbanspruch auf Spanien ab.

2. **1667–1668:** Krieg um die Spanischen Niederlande (das heutige Belgien). Nach (veraltetem) Recht fordert Ludwig XIV. vom spanischen König dieses Land als Mitgift seiner Gemahlin und läßt seine Truppen ohne Kriegserklärung in die Niederlande einmarschieren. Aber England, Holland und Schweden schließen sich in der Tripelallianz zusammen, um die Festsetzung Frankreichs an der Kanalküste zu verhindern. Ludwig XIV. muß sich im Frieden von Aachen damit begnügen, daß Lille und Dünkirchen an Frankreich fallen; das eigentliche Kriegsziel hatte er nicht erreicht.

3. **seit 1668:** Durch riesige Geldsummen (Subsidien) gelingt es Ludwig, viele europäische Fürsten auf seine Seite zu ziehen, so Karl II. von England, den Großen Kurfürsten, die Könige von Polen und Schweden und Max Emmanuel von Bayern.

   1672–1678: Krieg gegen Holland. Um die wirtschaftliche Konkurrenz der Holländer auszuschalten und eine erneute Unterstützung der Spanischen Niederlande durch Holland zu verhindern, fallen die Franzosen in ihr Nachbarland ein. Holland verteidigte sich – unter dem neu ernannten Generalstatthalter Wilhelm III. von Oranjen – durch das Öffnen der Schleusen und das Durchstechen der Dämme. Als Hollands Verbündete treten der deutsche Kaiser und Brandenburg-Preußen in den Krieg ein. Im Frieden von Nimwegen bleibt Holland zwar erhalten, aber Frankreich erreicht, daß es von Spanien die Freigrafschaft Burgund erhält.

   1677–1713: Mit großem Nachdruck betreibt Frankreich den Aufschwung, die Modernisierung und die Ausdehnung seiner Kolonien in Nordamerika (Kanada, Lousiana) und in Indien.

4. **1680–1684:** Die Reunionen. Im Westfälischen Frieden hatte Frankreich Teile vom Elsaß und von Lothringen erhalten. Ludwig XIV. ließ nun durch sogenannte Reunionskammern untersuchen, welche weiteren deutschen Gebiete mit diesen Erwerbungen einmal in Verbindung gestanden hatten und beanspruchte auch diese für Frankreich. So wurden insgesamt mehr als 500 Städte und Dörfer „friedlich erobert", 1681 sogar die Stadt Straßburg und 1684 Luxemburg.

Der deutsche Kaiser und das Reich wurden durch die Türken, die vom Osten her angriffen, von Maßnahmen gegen die Reunionen abgehalten.

1688–1697: Pfälzischer Krieg. Nach dem Tode des Kurfürsten von der Pfalz forderte Ludwig XIV. für seine Schwägerin Teile der Pfalz als Erbschaft. Französische Soldaten rückten in die Pfalz, nach Württemberg und Baden ein. Eine große Koalition, die sich nun gegen Frankreich bildete – England, der deutsche Kaiser, mehrere Reichsfürsten, Spanien, Schweden, Holland und Savoyen waren daran beteiligt –, zwang Ludwig, die besetzten Gebiete, die teilweise furchtbar verwüstet worden waren, wieder räumen zu lassen.

Im Frieden von Reyswijk muß Frankreich zwar einen Teil der eroberten Gebiete wieder herausgeben; das Elsaß mit Straßburg bleibt jedoch französisch. Trotzdem kann man dieses Ergebnis als Mißerfolg für Ludwig bezeichnen, da er weitergehende Ansprüche aufgeben mußte.

5. **1701–1714:** Der Spanische Erbfolgekrieg. Als der spanische König Karl II. kinderlos starb, war die Nachfolgefrage offen. Neben dem deutschen Kaiser erhob auch Ludwig XIV. Anspruch auf das spanische Erbe. Um zu verhindern, daß Ludwigs Enkel Philipp König von Spanien wird, bildete sich erneut eine große Koalition gegen Frankreich. Der nun ausbrechende Krieg wird nicht nur in Europa, sondern auch in Amerika geführt. Die allgemeine Erschöpfung der kriegführenden Parteien und die Gefahr, daß statt Frankreich schließlich die österreichischen Habsburger durch den Erwerb Spaniens die Vollmachtstellung in Europa gewinnen könnten, führten schließlich zu Verhandlungen. In den Friedensverträgen von Utrecht, Rastatt und Baden wurde das „europäische Gleichgewicht" wiederhergestellt: Die Ergebnisse der Reunionen werden bestätigt; der Enkel Ludwigs XIV. wird König von Spanien, aber jede Vereinigung mit Frankreich blieb ausgeschlossen. Das österreichische Habsburg erhält die ehemals Spanischen Niederlande, Oberitalien, Sardinien und Neapel, England setzte die Abtretung wichtiger französischer Gebiete in Nordamerika durch und hatte sein wichtigstes Ziel, die uneingeschränkte Beherrschung der Meere, erreicht.

Die Autoren

M 2

Gebietserwerbungen Frankreichs im 17. Jahrhundert

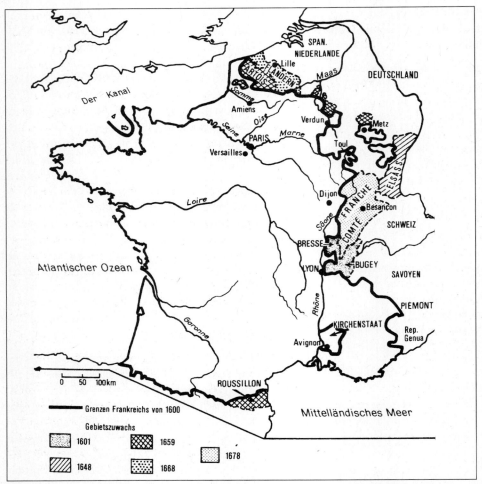

aus: Bertier de Sauvigny, Guillaume-André de: Die Geschichte der Franzosen, Hamburg 1980, S. 198.

Aufgaben:

1. Stelle die Kriege Ludwigs XIV. in folgendem Schema zusammen:

Bezeichnung des Krieges	Zeit	Anlaß Frankreichs	Gegner Frankreichs	Ergebnis

Dieses Schema folgt einem Vorschlag in: Fragen an die Geschichte, Band 3, S. 23.

2. Warum konnte Ludwig XIV. seine Ziele nicht verwirklichen? (M 1 und M 2)

M 3

Außenpolitische Prinzipien Ludwigs XIV.

Der König schreibt in seinen Memoiren:
„Wenn die eine Macht an Macht zunimmt, muß die andere entsprechend an Macht verlieren. Dies führt zu einer Art Erbfeindschaft, die durch Verträge zwar verhüllt, aber nie zum Erlöschen gebracht werden kann. Und wenn das eine Land gegen das andere arbeitet, so glaubt es dabei nicht so sehr, dem anderen zu schaden, als sich selbst zu nützen und zu erhalten, also einer natürlichen Pflicht zu genügen, die notwendigerweise den Vorrang vor allem anderen hat [...]
Wenn man ganz offen die Wahrheit sagen soll, so werden die Verträge von den Staaten von vornherein mit diesem Hintergedanken geschlossen, sie bei Gelegenheit zu brechen. Geheime Vertragsverletzungen erwartet jeder vom anderen. So könnte man denn sagen, daß man sich auf beiden Seiten der Verpflichtungen enthebt, die Verträge zu beachten. Denn man hat ja die Verpflichtung nicht wörtlich genommen.

nach: Studienbuch Geschichte. Eine europäische Weltgeschichte. Hrsg. von R. Elzel/K. Repgen. 3., völlig neu bearb. und erg. Auflage. Bd. 2: Frühe Neuzeit und 19. und 20. Jhd. Unter Mitarbeit von H. Hürten, E. W. Zeeden. Klett-Cotta, Stuttgart 1994.

Aufgaben:

3. Beurteile die Äußerungen Ludwigs XIV. zum Verhältnis zwischen den Staaten.
4. Erarbeite den Zusammenhang zwischen dem Anspruch des absolutistischen Fürsten und der Außenpolitik im Zeitalter des Absolutismus.

M 4

Französische Verluste in den Kriegen Ludwigs XIV.

Niederländischer Krieg (1667–1668) 20 000–50 000 Mann
Pfälzischer Krieg (1688–1697) 50 000–70 000 Mann
Spanischer Erbfolgekrieg (1701–1714) 120 000 Mann (und 50 000 Zivilverluste)

nach: Meyer, Jean: Frankreich im Zeitalter des Absolutismus, Stuttgart 1990, S. 499.

M 5

Zur Beurteilung der Außenpolitik Ludwigs XIV.

a) Das diplomatische Ungeschick und die Provokation Ludwigs XIV. verursachte, daß sich die Koalition, die sich im Kampf gegen Frankreich zusammengeschlossen hatte, noch verstärkte [...] Weil er alles wollte, erhielt der französische Absolutismus schließlich nichts, und all sein Bemühen um politische Expansion war vergebens [...], obwohl Ludwig XIV. 1680 nahe daran war, in Europa die Vorherrschaft zu erringen.

aus: Andersen, Perry: Die Entstehung des absolutistischen Staates, Frankfurt/M. 1979, S. 132–135.

b) Ludwig XIV. machte Eroberungen zum Hauptinhalt seiner auswärtigen Politik [...] (Er) bezeichnete es mehrfach als das Ziel seiner Politik, alles, was je seit Karl dem Großen zu Frankreich gehört hatte, wieder zurückzuerobern.

nach: Studienbuch Geschichte, a. a. O., S. 22 f.

c) Wenn die friedlichen Mittel für die Aufrechterhaltung und Durchsetzung der Vorrangstellung des französischen Königs in Europa nicht ausreichen, dann wird (nach der Auffassung Ludwigs XIV.) der Krieg notwendig und damit gerecht, und die Entscheidung darüber liegt allein beim König. Diese Vorrangstellung [...] ist ein Rechtsanspruch an sich, der je nach den Umständen mit friedlichen oder kriegerischen Mitteln durchzusetzen ist.

aus: Hinrichs, Carl (Hg.): Absolutismus, Frankfurt/M. 1986, S. 108.

d) Zum ersten Mal [...] war dem Gewaltakt eines einzelnen (nämlich: Ludwig XIV.) eine Gemeinschaft von Mitgliedern der europäischen Völkerfamilie entgegengetreten und deutete modellhaft den Dualismus von Hegemonie und Gleichgewicht an, der die europäische Politik der nächsten Jahrhunderte bestimmen sollte. Ludwig XIV. übersah dieses Warnsignal.

aus: Mieck, Ilja: Europäische Geschichte der Frühen Neuzeit. S. 273. © Kohlhammer Verlag, Stuttgart 1981

Aufgaben:

5. Fasse die Kritik an der französischen Außenpolitik im Zeitalter Ludwigs XIV. in eigenen Worten zusammen (M 5; vgl. M 4).
6. Nenne die wichtigsten Ergebnisse der französischen Expansionspolitik zwischen 1668 und 1711.

M 1

Prinzipien der Außenpolitik

1. Ludwig XIV. in seinen Memoiren 1666–1668:
   Das Verhältnis der beiden Kronen Frankreich und Spanien ist heute und seit langer Zeit so, daß man die eine nicht erhöhen kann, ohne die andere zu erniedrigen. Das bewirkt eine Eifersucht zwischen ihnen [...] und eine Art von permanenter Feindschaft, welche die Verträge überdecken, aber niemals auslöschen können [...]
   Um ohne Umschweife die Wahrheit zu sagen: Sie schließen niemals einen Vertrag miteinander als in dieser Gesinnung. Denn geheime Vertragsbrüche, die nicht ans Tageslicht kommen, erwartet [...] ohnehin jeder von dem anderen [...].

   aus: Geschichte in Quellen Bd. III., München 1966, S. 507.

2. Friedrich II. von Preußen in einem Brief an seinen Minister Podewils vom 6. 11. 1740:
   Schlesien ist aus der ganzen kaiserlichen Erbschaft dasjenige Stück, auf welches wir das beste Anrecht haben und das dem Hause Brandenburg am besten paßt. Es ist billig, seine Rechte zu wahren und die Gelegenheit des Todes des Kaisers zu ergreifen, um sich in den Besitz des Landes zu setzen.
   Die Überlegenheit unserer Truppen über die unserer Nachbarn [...] ist vollständig und gibt uns bei einer unvorhergesehenen Gelegenheit wie dieser eine unbegrenzte Überlegenheit über alle anderen Mächte Europas. [...]
   [...] Ich schließe daraus, daß wir noch vor dem Winter uns in den Besitz Schlesiens setzen [...]. Es wird sich dann immer ein Vorteil dabei herausschlagen lassen, und wir werden mit Erfolg verhandeln, wenn wir im Besitz (Schlesiens) sind [...]
   Der Minister Podewils antwortet dem König am 7. 11. 1740:
   Was die Rechtslage betrifft, so muß ich Eurer Majestät mit tiefem Respekt sagen: [...] es gibt feierliche Verträge, auf die das Haus Österreich sich berufen wird [...]
   Friedrich bemerkt dazu:
   „Die Rechtsangelegenheit ist Sache der Minister; es ist Zeit, im geheimen zu arbeiten, denn die Befehle an die Truppen sind gegeben."

   aus: Friedrich der Große, Politische Korrespondenz, Band 1, Berlin 1879, S. 90 ff.

Aufgabe:

1. Arbeite heraus, was Verträge für die absolutistischen Herrscher bedeuteten.

M 2

Das Königreich Polen und die Nachbarstaaten

Auch in der Zeit des Absolutismus hatte der Adel in Polen die entscheidende Mitsprache in der Politik behalten. Der polnische Reichstag, der „Sejm", wählte den König; und das „Liberum Veto", das Einspruchsrecht eines jeden Sejm-Mitglieds genügte, daß die Versammlung keinen Beschluß fassen konnte. Von 1652 bis 1764 wurden von 55 Sitzungen des Sejm 48 auf diese Weise „gesprengt". Eine sinnvolle und kontinuierliche Regierungsarbeit war nicht möglich.

Den Herrschern der Nachbarstaaten Polens waren diese instabilen Zustände sehr willkommen. Sie konnten durch Bestechung eines einzelnen Mitglieds des Sejm Einfluß auf die polnische Politik nehmen. Die Wahlen der polnischen Könige wurden im 17. und 18. Jahrhundert in der Regel durch Bestechung oder Drohung entschieden.

Als der polnische König Stanislaus II. Poniatowski, der auf Betreiben der russischen Zarin gewählt worden war, entgegen den Erwartungen Rußlands und Preußens versuchte, den polnischen Staat durch Reformen zu festigen, marschierten russische Truppen in Polen ein. Ein vierjähriger Bürgerkrieg war die Folge, in den auch Preußen und Österreich eingriffen. Das Ergebnis war 1772 die „Erste polnische Teilung".

In dem verbliebenen polnischen Staat ging man nun verstärkt an die Verwirklichung von Reformen zur Umgestaltung des politischen Lebens. 1791 erhielt Polen eine Verfassung; das Land wurde eine konstitutionelle Monarchie, in der die Staatsgewalten getrennt wurden. Beim König blieb die Regierung, aber die Gesetze wurden von einer Ständeversammlung gemacht, und daneben gab es eine unabhängige richterliche Gewalt. Ein Teil des polnischen Adels war jedoch mit der Abschaffung seines Veto-Rechts nicht einverstanden und rief die russische Zarin zur Hilfe. Preußen machte mit; und wieder marschierten russische Truppen in Polen ein. Erneut nahmen sich die Großmächte Stücke aus dem Land heraus: „Zweite Teilung", 1793.

Ein Aufstand polnischer Patrioten, die gegen die Verstümmelung ihres Landes kämpften, wurde von russischen und preußischen Truppen niedergeschlagen. Rußland, Preußen und Österreich teilten 1795 den polnischen Reststaat endgültig unter sich auf.

nach: erinnern und urteilen, Stuttgart 1982, S. 10–31 f.

Aufgaben:

2. Stelle fest, worin sich die politische Situation in Polen von der in den anderen europäischen Staaten unterschied.

3. Erkläre die Gründe, die die Herrscher bewogen, den polnischen Staat dreimal unter sich aufzuteilen.

M 3

Die „Polnischen Teilungen"

⊗ Metall- und Eisenwaren   🏭 Eisenhüttenwerke

☐ Textilmanufakturen

Rußland nahm sich die Gebiete: 1, 5, 7
Österreich: 2, 8
Preußen: 3, 4, 6, 9

Zeichnung: Günter Bosch, Stuttgart

Aufgabe:

4. Zeichne die Gebietsgewinne der drei Großmächte
   in die Karten ein. Welche Vorteile ergaben sich für
   die Großmächte?

M 4

Friedrich II. über die erste Teilung, 1772

[...] sie mußte erfolgen, um einem allgemeinen Krieg vorzubeugen. Man stand vor der Wahl, Rußland im Laufe seiner gewaltigen Eroberungen aufzuhalten, oder was klüger war, daraus auf geschickte Weise Nutzen zu ziehen. [...] Um das Gleichgewicht zwischen den nordischen Mächten einigermaßen aufrechtzuerhalten, mußte sich der König (von Preußen) an dieser Teilung notwendig beteiligen.

aus: Die Werke Friedrichs des Großen. Berlin 1913, Band V., S. 36.

M 5

Katharina II. über die erste Teilung, 1772

(Aus einem Brief an den österreich. Kaiser Joseph II.)

In ihrem gemeinsamen Vorgehen gegen Polen haben sich die drei Höfe weniger von Eroberungslust leiten lassen als von großen und praktischen Gesichtspunkten. Sie wollten Ordnung und Ruhe, wie der Wohlstand und die Sicherung ihrer eigenen Grenzen sie erforderten, in ein Land bringen, das oft genug Wirren, ja der Anarchie ausgesetzt war. Die so herbeigezwungene Teilung hat zu einer wohlabgewogenen Vergrößerung der drei Mächte geführt, der wahrhaft nobelsten und imposantesten Tat, die Europa mit einem solchen Unternehmen überhaupt geschenkt werden konnte.

aus: Joseph II. und Katharina von Rußland. Ihr Briefwechsel, Wien 1869, S. 3 f.

Aufgaben:

5. Wie begründen Friedrich II. und Katharina II. ihr Vorgehen?
6. Wie beurteilst Du diese Begründungen?

M 1

Was heißt „aufgeklärter Absolutismus"?

Der aufgeklärte Absolutismus ersetzt die Vorstellung vom Gottesgnadentum durch die Theorie vom Gesellschafts- und Herrschaftsvertrag, nach der der Staat aus einem Vertrag freier Menschen entsteht und der Fürst auf das Gemeinwohl verpflichtet ist. Der Monarch beansprucht auch weiterhin die absolute Souveränität, die aber nun […] rational legitimiert ist.
Friedrich II. […] sieht sich dabei als „erster Diener" seines […] Staates. Die Regierungstätigkeit orientiert sich an der Staatsräson und dem Vernunftprinzip […] Auch das friderizianische Preußen bewahrt bei allen aufklärerischen Reformansätzen die überlieferte ständische Gesellschaftsordnung und die unangefochtene Position des Monarchen, der keine politischen Rechte abtritt.

aus: Schlenke, Manfred: Preußen-PLOETZ, Freiburg/Würzburg 1987, S. 53.

Aufgaben:

1. Nenne die Unterschiede zwischen dem „höfischen" Absolutismus Ludwigs XIV. und dem „aufgeklärten" Absolutismus.
2. Worin bestehen die Gemeinsamkeiten der beiden Ausprägungen des Absolutismus?

M 2

Aus dem politischen Testament Friedrichs II.

Die erste Bürgerpflicht ist, seinem Vaterland zu dienen. Ich habe sie in allen verschiedenen Lagen meines Lebens zu erfüllen gesucht. Als Träger der höchsten Staatsgewalt hatte ich die Gelegenheit und die Mittel, mich meinen Mitbürgern nützlich zu erweisen […]
In einem Staat wie Preußen ist es durchaus notwendig, daß der Herrscher seine Geschäfte selbst führt. Denn ist er klug, wird er nur dem Staatsinteresse folgen, das auch das seine ist. Ein Minister dagegen hat, sobald seine eigenen Interessen in Frage kommen, stets Nebenabsichten. Er besetzt alle Stellen mit seinen Kreaturen, statt verdienstvolle Leute zu befördern, und sucht sich durch die große Zahl derer, die er an sein Schicksal kettet, auf seinem Posten zu befestigen. Der Herrscher dagegen wird […] das Verdienst ohne jene eigennützigen Hintergedanken belohnen, die die Minister bei allen ihren Handlungen hegen […]
Eine gut geleitete Staatsregierung muß ein ebenso fest gefügtes System haben wie ein philosophisches Lehrgebäude. Alle Maßnahmen müssen gut durchdacht sein, Finanzen, Politik und Heerwesen auf ein gemeinsames Ziel steuern: nämlich die Stärkung des Staates und das Wachstum seiner Macht. Ein System kann aber nur aus einem Kopfe entspringen; also muß es aus dem des Herrschers hervorgehen […]
Der Herrscher ist der erste Diener des Staates. Er wird gut besoldet, damit er die Würde seiner Stellung aufrechterhalte. Man fordert von ihm, daß er werktätig für das Wohl des Staates arbeite und wenigstens die Hauptgeschäfte mit Sorgfalt leite.

aus: Geschichte in Quellen, Band 3, München 1982, S. 605, 608.

M 3

Maßnahmen Friedrichs II.

1. Bestätigung des Adels: wichtigster Stand im Staate
2. Bau von Straßen, Kanälen und Magazinen
3. Urbarmachung von Sumpfgebieten
4. Neugründung zahlreicher Dörfer
5. Förderung der Seidenraupenzucht und des Kartoffelanbaus
6. Vorschriften für die Produktion gewerblicher Güter
7. Vergrößerung des Heeres
8. Abschaffung der Folter
9. Herstellung von Rechtsgleichheit für alle Bürger
10. Anregung für ein allgemeines Gesetzbuch (1974 als „Allgemeines Preußisches Landrecht" verkündet)
11. Duldung aller Konfessionen
12. Einführung der allgemeinen Schulpflicht.

Aufgabe:

3. Welche Merkmale des aufgeklärten Absolutismus werden im politischen Testament Friedrichs II. erwähnt und in seinen Maßnahmen verwirklicht?

M 4

Weisung Friedrichs II. an seine Minister (1777)

Es missfällt Mir sehr, da Ich vernehme, dass mit denen armen Leuten, die in Prozess-Sachen in Berlin zu thun haben, so hart umgegangen wird und dass man sie mit Arrest bedrohet und verfolget, wie solches mit Jacob Dreher aus dem Amte Liebemühl in Ost-Preussen geschehen, der sich eines Prozesses wegen dort aufhält und den die Polizei hat arretiren wollen. Ob ich nun wohl derselben solches bereits untersagt habe, so muß ich Euch dennoch […] hierdurch zu erkennen geben, dass in Meinen Augen ein armer Bauer eben so viel gilt wie der vornehmste Graf und der reichste Edelmann, und ist das Recht sowohl für vornehme als geringe Leute.

Ich verbiete daher allen Ernstes, mit denen armen Leuten nicht so hart und gewaltsam zu verfahren und sie vor ausgemachter Sache gleich mit Gefängnis zu bedrohen, vielmehr statt dessen sie glimpflich anzuhören [...]

Ihr habt Euch also hiernach gehörig zu richten.

aus: Geschichte in Quellen, Band 3, München 1982, S. 628.

Aufgabe:

4. Inwiefern bestätigt die Weisung aus dem Jahre 1777 das Herrschaftsverständnis Friedrichs II.?

M 5

Friedrich der Große über den Staat und die Konfessionen

Ich bin gewissermaßen der Papst der Lutheraner und das kirchliche Haupt der Reformierten. Ich ernenne die Prediger und fordere von ihnen nichts als Sittenreinheit und Versöhnlichkeit [...] Alle anderen christlichen Sekten werden in Preußen geduldet. Dem ersten, der einen Bürgerkrieg entzünden will, schließt man den Mund [...]

Ich bin neutral zwischen Rom (Katholiken) und Genf (Calvinisten). Will Rom sich an Genf vergreifen, so zieht es den Kürzeren. Will Genf Rom unterdrücken, so wird Genf verdammt [...]

Ich suche gute Freundschaft mit dem Papst zu halten, um dadurch die Katholiken zu gewinnen [...]

Ehedem mischte sich die Geistlichkeit in alle Staatsangelegenheiten; heute scheint der Brauch außer Mode gekommen zu sein.

Das lutherische und reformierte Bekenntnis, die bei uns vorherrschen, können dem Staat niemals schaden, vorausgesetzt, daß ihre Geistlichen in den jetzigen Schranken gehalten werden. Sie können unbegrenzt Gutes tun, aber man soll sie zurechtweisen, sobald sie sich in Dinge mischen, die sie nichts angehen.

aus: Studienbuch Geschichte. Darstellung und Quellen. Hrsg. von R. Elzel/K. Repgen. Heft 6: Ernst W. Zeeden, Europa im Zeitalter des Absolutismus und der Aufklärung. Klett-Cotta, Stuttgart 1981, S. 187

M 6

Randbemerkungen Friedrichs des Großen auf Akten und Eingaben

– *Ein Landprediger bat den König, ihm die Jagd in dem neben seinem Dorfe liegenden Wald zu erlauben.*
Anmerkung Friedrichs:
Die Pfaffen sollen singen und beten und ihre Bauern zum Guten ermahnen. Was will der Narr mit der Jagd?

– *Ein Pfarrer [...] hatte in der Predigt Zweifel an der Auferstehung des Leibes am jüngsten Tag ausgesprochen. Die Gemeinde bat den König, deshalb einen anderen Pfarrer zu bestellen.*
Anmerkung Friedrichs:
Der Pfarrer bleibt. Wenn er am jüngsten Tage nicht mit aufstehen will, kann er ruhig liegen bleiben.

– *Evangelische Christen schlugen vor, die katholischen Schulen schließen zu lassen.*
Anmerkung Friedrichs:
Die Religionen müssen alle geduldet werden. Und der Staat soll nur darauf sehen, daß keine der anderen Abbruch tut, denn hier muß jeder nach seiner Façon (Art) selig werden.

– *Das Generaldirektorium in Frankfurt an der Oder fragte an, ob ein Katholik das Bürgerrecht erwerben dürfe.*
Anmerkung Friedrichs:
Alle Religionen sind gleich und gut, wenn nur die Leute, die sich zu ihnen bekennen, ehrliche Leute sind; und wenn Türken und Heiden kämen und wollten das Land urbar machen, so wollen wir für sie Moscheen und Kirchen bauen.

– *Bei der Zulassung eines Gesangbuchtextes entstand ein Streit.*
Anmerkung Friedrichs:
Ein jeder kann bei mir glauben, was er will, wenn er nur ehrlich ist. Was die Gesangbücher angeht, so steht einem jeden frei zu singen: „Nun ruhen alle Wälder" oder dergleichen dummes und törichtes Zeug. Aber die Priester dürfen die Toleranz nicht vergessen.

nach: Studienbuch Geschichte, a. a. O., S. 159, 188.

Aufgaben:

5. Beschreibe die Einstellung Friedrichs II. gegenüber den Konfessionen und Sekten in Preußen.
6. Welche Haltung nimmt Friedrich II. zur Religion ein?

M 1

Die Entwicklung der Heeresstärke in Preußen

	Einwohner-zahl	Ertrag der Domänen	Steuer-einnahmen	Ausgaben für das Heerwesen	Zahl der Soldaten
1713	1,6	1,6	2,4	2,5	38 000
1740	2,2	3,3	3,6	5–6	72 000
1752	3,9	4,5	7,7	9,4	135 000
1786	5,7	6–7	10–11	12–13	195 000

(seit 1752 mit Schlesien)

aus: Gaxotte, Pierre: Friedrich der Große, Frankfurt/Berlin/Wien 1974, S. 329.

M 2

Heeresstärken im Vergleich (Stand etwa 1788)

	Bevölkerung	Friedensstärke des Heeres	Soldaten in % der Bevölkerung	von den dienst-fähigen Männern dient der
Frankreich	21 000 000	182 000	0,7	52ste
Rußland	24 000 000	224 000	0,9	33ste
Österreich	18 000 000	297 000	1,5	24ste
Großbritannien und Irland	12 000 000	21 000	0,2	210te
Spanien	10 500 000	85 000	0,8	46ste
Preußen	6 000 000	190 000	3,2	12te
Schweden	3 000 000	47 800	1,6	23ste

nach: Kroener, B. R. (Hg.): Europa im Zeitalter Friedrichs des Großen. © R. Oldenbourg Verlag, München 1989, S. 49.

Aufgaben:

1. Vergleiche die Heeresstärke der sieben europäischen Staaten (M 2).
2. Welche Schlußfolgerungen lassen die Zahlen hinsichtlich Preußens zu (M 1 und M 2)?

M 3

Staatseinnahmen und Aufwendungen für das Heer

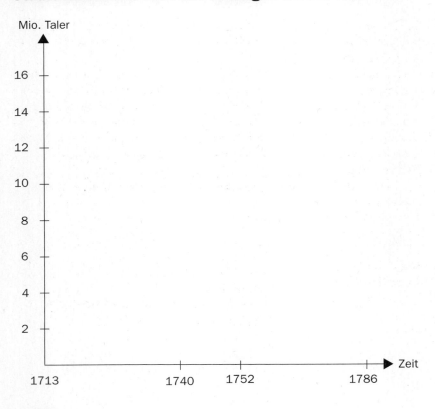

Aufgabe:

3. Trage die Entwicklung der Gesamteinnahmen des preußischen Staates (Ertrag der Domänen und Steuereinnahmen) sowie die Ausgaben für das Heerwesen (M 1) in das Diagramm ein, und beschreibe die Entwicklung.

M 4

Armee und Staat

Höchstes Ziel der friderizianischen Staatskonzeption war die „Erhebung Preußens zur Großmacht", um nicht länger Spielball rivalisierender europäischer Machtinteressen zu sein. Zu erreichen war das jedoch nur mit Hilfe einer schlagkräftigen Armee und einer gut gefüllten Staatskasse. Das Militär wurde damit zum wichtigsten Instrument staatlicher Machtpolitik, diente also selbst einem bestimmten Zweck und war keinesfalls nur Selbstzweck, wie es noch unter dem Soldatenkönig oft den Anschein hatte. Die Armee stand im Dienste des Staates, und damit kam ihren Bedürfnissen der absolute Vorrang zu. In keinem anderen europäischen Land war die Kriegsführung so unzertrennlich mit dem staatlichen System verbunden wir in Preußen, wo das stehende Heer gleichsam das „Schwungrad an der Staatsmaschine" bildete. Militarisierung und ständige Kriegsbereitschaft verlangten eine Anpassung aller Lebensbereiche an die militärstaatlichen Erfordernisse. Der Zivilstaat mußte dem Militärstaat zur Disposition stehen, was ihm einen besonderen Stellenwert verschaffte und eine enge Verbindung von innen- und außenpolitischen Zielsetzungen zur Folge hatte.

Für die Existenz und Fortentwicklung des so charakterisierten preußischen Staatsmodells war eine entsprechende finanzielle Grundlage unentbehrlich. Sie erst ermöglichte die Bereitstellung der Mittel für die Armee und den Verwaltungsapparat, dessen Hauptbehörde aus der Militärorganisation hervorgegangen war. Das hatte zur Folge, daß der preußische Staat fortwährend darauf bedacht sein mußte, seine Einkünfte zu erhöhen und ein Haushaltsdefizit zu vermeiden.

aus: Kroener, B. R. (Hg.): Europa im Zeitalter Friedrichs des Großen. © R. Oldenbourg Verlag, München 1989, S. 37 f.

M 5

Armee und Wirtschaft

Die Armee erwies sich nicht nur als Instrument für die Verwirklichung staatlicher machtpolitischer Ziele, sondern war gleichzeitig auch ein aufnahmefähiger Markt für den Absatz zahlreicher landwirtschaftlicher und handwerklicher Produkte. Für den Heeresbedarf in Kriegs- und Friedenszeiten mußten Waffen, Bekleidung und Lebensmittel produziert bzw. im Ausland angekauft werden, darunter z. B. Gewehre, Kanonen, Munition, Fahrzeuge, Pferde, Uniformen und Getreide. Darüber hinaus war die Errichtung und Finanzierung von Festungsbauten erforderlich. Die preußischen Könige förderten traditionsgemäß, in Ausrichtung auf die militärischen Zwecke des Staates, Gewerbe und Handel. Friedrich der Große betont in seinen politischen Testamenten, daß die Gründung von Manufakturen in doppelter Hinsicht für den Staat wichtig sei: zum einen könne dadurch der inländische Markt, insbesondere die Armee, qualitativ angemessen und zugleich preiswert beliefert werden; zum anderen bleibe auf diese Weise das Geld im Lande, und es könne darüber hinaus noch Geld aus fremden Staaten hereinfließen, so daß bei einem Exportüberschuß eine aktive Handelsbilanz erzielt werde. [...]

Um das Geld im Lande zu halten (aktive Handelsbilanz und Schatzbildung) und im Falle eines Krieges sofort darüber verfügen zu können, förderte Friedrich der Große vor allem die Gewerbezweige, deren Erzeugnisse zur Deckung des einheimischen Bedarfs im Ausland gekauft und importiert werden mußten.

aus: Kroener, B. R. (Hg.): Europa im Zeitalter Friedrichs des Großen. © R. Oldenbourg Verlag, München 1989, S. 41–43.

Aufgaben:

4. Warum spielte in Preußen die Armee eine zentrale Rolle im Staat? (M 4; vgl. M 6)
5. Welche Folgen ergaben sich daraus für den Staat? (M 4 und M 5)
6. Skizziere das Verhältnis von Armee und Wirtschaft in Preußen (M 5).

M 6

Brandenburg-Preußen (1796)

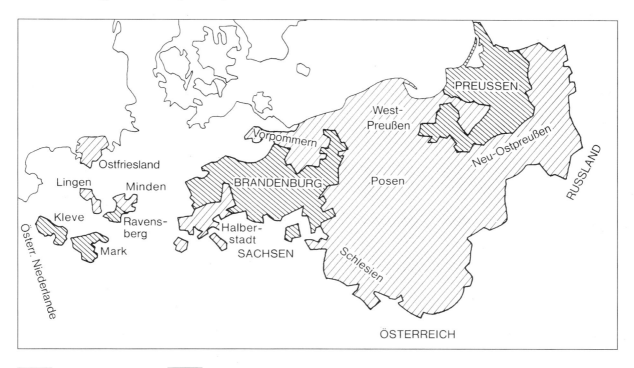

bis 1614   Erwerbungen seit 1614

aus: G. Maier/H. G. Müller, Stundenblätter – Der Absolutismus, Stuttgart 1992, S. 67

M 1
Barocke Bauten in Deutschland

Schloß in Ludwigsburg   Foto: Landesbildstelle Württemberg

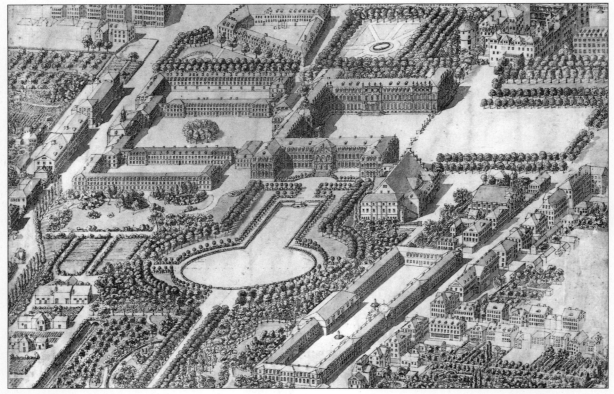

Schloß in Stuttgart   Foto: Landesbildstelle Württemberg

Aufgabe:

1. Vergleiche die barocken Anlagen in Deutschland mit der Anlage des Schlosses in Versailles (vergleiche A 13).

M 2

Sachsen, Bayern und Württemberg im Vergleich mit Frankreich

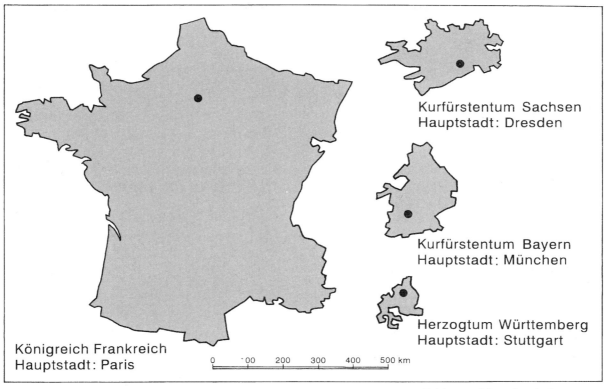

Kurfürstentum Sachsen
Hauptstadt: Dresden

Kurfürstentum Bayern
Hauptstadt: München

Herzogtum Württemberg
Hauptstadt: Stuttgart

Königreich Frankreich
Hauptstadt: Paris

0   ´00   200   300   400   500 km

Zeichnung: Günter Bosch, Stuttgart

Aufgabe:

2. Vergleiche die Größe der deutschen Staaten im 18. Jahrhundert mit der Größe Frankreichs. Vergleiche dann (im Atlas oder im Lehrbuch) die Größe der drei deutschen Mittelstaaten mit einigen deutschen Kleinstaaten.

M 3

Die Kurfürsten von Sachsen und die Herzöge von Württemberg als Bauherren

Schloß Moritzburg
(1723–1730)

Residenzstadt
Dresden

Schloß Pillnitz
(1720–1723)

Wichtige Barockbauten
in Dresden:
Großer Garten und Palais
 (1678–1683)
Taschenbergpalais
(1707–1711)
Zwinger (1711–1728)
Japanisches Palais (1715 und
1727–1735)
Frauenkirche (1726–1743)
Brühlsche Terrasse (1738)
Hofkirche (1739–1755)
Altes Rathaus (1741–1769)
Palais Cosel (1744–1746)
Neustädter Rathaus (1754)
Kreuzkirche (1764–1792)
Annenkirche (1764–1769)

Schloß Solitude
(1764–1770)

Residenz-Schloß Ludwigsburg
(1704–1733)

Neues Schloß Stuttgart
(begonnen 1742; mit Unterbrechungen bis 1805)

Schloß Hohenheim
(1782–1793)

M 4 Einnahmen 1740

Kurfürstentum Sachsen	6 Mio. Taler
Herzogtum Württemberg	2 Mio. Taler
im Vergleich:	
Königreich Frankreich	60 Mio. Taler

M 5

Der französische Minister Colbert an seinen König Ludwig XIV.

„Eure Majestät wissen, daß in Ermangelung glänzender Kriegstaten nichts die Größe und den Geist eines Fürsten in höherem Maße kennzeichnet wie die Errichtung von Bauten: die Nachwelt mißt Sie mit dem Maßstab dieser erhabenen Gebäude."

aus: Clèment: Colbert, Paris 1861

Aufgaben:

3. Setze die Größe und die Einnahmen des Kurfürstentums Sachsen und des Herzogtums Württemberg in Beziehung zu der Anzahl der Schlösser und anderer Bauten in diesen Staaten (M 3 und M 4).
4. Was fällt Dir auf? Ziehe zu Deinen Überlegungen den Ausspruch des französischen Ministers Colbert heran (M 5).
5. Überlege, woher die deutschen Fürsten wohl das Geld für den Bau ihrer Schlösser hernahmen.

M 6

Vertrag des Fürsten von Waldeck mit dem englischen König vom 20. April 1776

1. Der Durchlauchtigste Fürst (von Waldeck) tritt seiner Britannischen Majestät ein Korps von 670 Mann Infanterie ab, das zur vollständigen Verfügung des Königs von Großbritannien stehen wird zwecks Verwendung in seinem Dienst in Europa und Nordamerika, auf gleicher Basis wie die anderen deutschen Truppen.
3. Der Durchlauchtigste Fürst verpflichtet sich, die jährlich notwendig werdenden Rekruten zu liefern. […]
8. Als Aushebungsgebühr werden Seiner Hoheit für jeden Infanteristen und Kanonier 30 Taler gezahlt […]
9. Wie üblich werden drei Verwundete für einen toten Mann gerechnet. Ein Gefallener wird entsprechend der Aushebungsgebühr vergütet. Sollte eine Kompanie des Korps ganz oder teilweise aufgerieben werden […], so wird Seine Majestät der König

von Großbritannien die Kosten für die notwendigen Ersatzmannschaften zahlen […]
13. Seine Britannische Majestät gewährt dem durchlauchtigsten Fürsten während der ganzen Zeit, wo das Korps im Sold Seiner Majestät steht, eine jährliche Subsidie von 25 050 Talern.

aus: bsv Geschichte in Quellen: Renaissance – Glaubenskämpfe – Absolutismus. Übers. v. Fritz Dickmann, Bayerischer Schulbuch-Verlag, München ³1982, S. 659

M 7

Der Minister von Gemmingen des Fürstentums Ansbach über den Verkauf von 2 353 „Landeskindern" als Söldner

„Sobald die Leute sehen, wie fremdes Geld in unser armes Land fließen wird, sobald sie sehen, daß dessen Schulden bezahlt werden mit den Mitteln, die uns jetzt zufließen, so werden sie […] entzückt sein und anerkennen, daß die Truppen, deren Pflicht es ist, die Feinde des Landes zu bekämpfen, den schlimmsten Feind besiegt haben, nämlich – unsere Schulden."

aus: Stahleder, Erich (Hg.): Absolutismus und Aufklärung, Lesewerk zur Geschichte, Ebenhausen bei München 1964, S. 194.

M 8

Zwischen 1775 und 1783 erfolgten folgende Truppenlieferungen an England:

aus Hessen-Kassel	16 992 Mann für	1273257 Pfund
aus Braunschweig	5 723 Mann für	172 696 Pfund
aus Hessen-Nassau	2 422 Mann für	173 174 Pfund
aus Waldeck	1 225 Mann für	66 444 Pfund

Von diesen Soldaten verloren ihr Leben:

aus Hessen-Kassel	6 500 Mann
aus Braunschweig	3 015 Mann
aus Hessen-Nassau	981 Mann
aus Waldeck	720 Mann

nach: Biedermann, Karl: Deutschland im 18. Jahrhundert, Leipzig 1880.

Aufgaben:

6. Was sagen die Angaben der Materialien 6 und 7 aus über die Bedeutung des Soldatenhandels für die deutschen Fürsten?
7. Überlege, welches Schicksal die Mehrzahl der verkauften jungen Männer erlitt (M 8).

M 1

Die Meinungen von drei bedeutenden Männern

Der französische Philosoph und Mathematiker René Descartes (1596–1659) faßte seine Erkenntnisse in folgende Worte zusammen: „Cogito ergo sum." (Weil ich denke, bin ich.)

Der Philosoph Immanuel Kant (1724–1804) aus Königsberg in Preußen schrieb 1784: „Aufklärung ist der Ausgang des Menschen aus seiner selbstverschuldeten Unmündigkeit. Unmündigkeit ist das Unvermögen, sich seines Verstandes ohne Leitung eines anderen zu bedienen. [...] Sapere aude! „Habe Mut, dich deines eigenen Verstandes zu bedienen! ist also der Wahlspruch der Aufklärung."

I. Kant: Ausgewählte Schriften, Leipzig o. J., S. 1.

Voltaire (1694–1778), französischer Philosoph und Schriftsteller, bemerkte: „Eine prüfende, einsichtsvolle Geisteshaltung [...] beseitigte allmählich [...] eine Masse von Vorurteilen und abergläubischen Ansichten. [...] Licht ist von vielen verbreitet worden."

aus: Voltaire: Le siècle de Louis XIV., Paris 1937, Kap. 31, 33.

Aufgabe:

1. Ergänze folgenden Text:

„Das Wesen und die Bedeutung der Aufklärung.

Descartes meinte, das Wesen des Menschen bestehe darin, daß _____ .

Deshalb, so sagte Kant, müsse er seine Unmündigkeit abschütteln und _____

_____ . Zu diesem Schritt gehört Mut; denn es ist bequemer _____

_____ . Voltaire stellte jedoch fest: „Licht ist von vielen verbreitet worden";

d. h. _____ . So hätten es

die Aufklärer erreicht, daß _____ .

M 2

Zwei Wissenschaftler

Gottfried Wilhelm LEIBNIZ

geb. 1649 in Leipzig
gest. 1716 in Hannover
Philosoph, Mathematiker und Physiker
1662 trifft er in Paris den holländischen Physiker Christian HUYGENS, in London trifft er den Physiker Robert HOOKE und den Chemiker Robert BOYLE
1687 ist er in Wien, in Rom und in Neapel zu wissenschaftlichen Studien
1700 gründet er die preußische Akademie der Wissenschaften in Berlin; er berät den russischen Zaren bei der Gründung der Akademie in St. Petersburg
ausgedehnte Korrespondenz und wissenschaftlicher Streit mit dem englischen Physiker und Mathematiker Isaac NEWTON (1643–1727), dem Präsidenten der Londoner Akademie

Carl von LINNÉ

geb. 1707 in Råshult/Schweden
gest. 1778 in Uppsala/Schweden
Arzt und Botaniker
1735 zu wissenschaftlichen Studien in Amsterdam
1736 an der Akademie in London
1738 an der Akademie in Paris
1739 gründete er die Stockholmer Akademie
Professor an der Universität in Uppsala
ausgedehnte wissenschaftliche Korrespondenz mit Wissenschaftlern in Europa und in Amerika

M 3

Europa im Zeitalter der Aufklärung

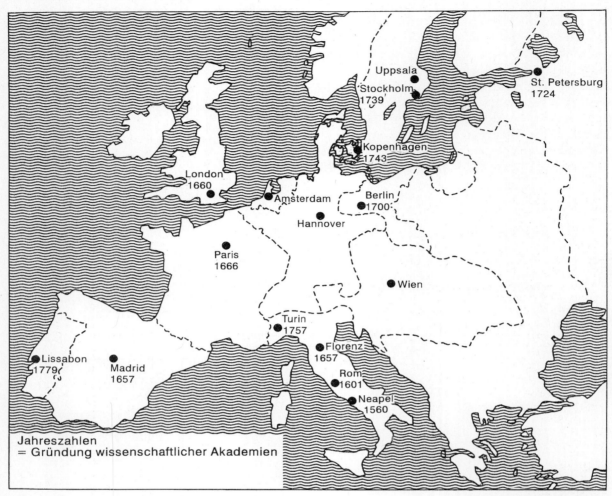

Zeichnung: Günter Bosch, Stuttgart

Aufgaben:

2. Zeichne (mit verschiedenen Farben) die Beziehungen, die Leibniz und Linné zu anderen Wissenschaftlern und zu Akademien hatten, in die Karte ein.

3. Was sagen das Wirken und die Beziehungen der beiden Wissenschaftler über die Ausbreitung der Aufklärung aus?

4. Erkundige Dich darüber, welche wichtigen naturwissenschaftlichen Erkenntnisse und technischen Erfindungen die angeführten Wissenschaftler gemacht haben.

Isaac Newton (1643–1727): _____

Gottfried Wilhelm Leibniz (1649–1716): _____

Christiaan Huygens (1629–1695): _____

Robert Hooke (1653–1703): _____

Robert Boyle (1627–1691): _____

Carl von Linné (1707–1778): _____

5. Fragt Eure Physik- und Biologielehrer, welche Bedeutung diese Erkenntnisse und Erfindungen heute noch haben.

M 4 Erfindungen

	17./18. Jh.	später
Automat		
Bleistift		
Billardspiel		
Blitzableiter		
Blutdruckmesser		
Brücken aus Eisen		
Dampfmaschine		
Dreschmaschine		
Eau de Cologne		
Fallschirm		
Feuerwehrschlauch		
Fieberthermometer		
Fingerhut		
Füllfederhalter		
Hartporzellan		
Heißluftballon		
Papiergeld		
Radfederung		
Schreibmaschine		
Speiseeis		
Spiegelglas		
Stahlschreibfeder		
Stöckelschuhe		
Treibhäuser in Gärtnereien		
Überdruck-Kochtopf		
U-Boot		
Ventilator		
Warmwasserheizung		
Wasserklosett		

Aufgabe:

6. Welche dieser Erfindungen wurden bereits im Zeitalter der Aufklärung (17./18. Jahrhundert) gemacht, welche erst später?

M 1 Drei deutsche Lebensläufe im 18. Jahrhundert

Fotos: Archiv für Kunst und Geschichte, Berlin

Friedrich Schiller

geb. 1759 in Marbach/Neckar

gest. 1805 in Weimar

Sohn eines Wundarztes und Offiziers

1775–80 Studium (Jura, Medizin) auf der Militär-Akademie in Stuttgart; sein Wunsch, Theologie an der Universität zu studieren, wird vom Herzog nicht erfüllt; heimlich schreibt er sein Theaterstück „Die Räuber"

1780 schlecht bezahlter Militärarzt in Stuttgart

1782 ohne Urlaub reist Schiller zweimal nach Mannheim zu Aufführungen seines Theaterstücks; erhält dafür zwei Wochen Militärarrest

1782 Flucht aus Württemberg, weil ihm der Herzog Schreibverbot erteilt hat

1783 einjähriger Vertrag als ‚Theaterdichter' in Mannheim, wird 1784 nicht verlängert; freier Schriftsteller mit wechselnden Wohnsitzen aus Angst vor Verfolgung und Verhaftung;

1789 Professor für Geschichte in Jena, zunächst ohne festes Gehalt

seit 1792 freier und sehr erfolgreicher Schriftsteller in Jena und (seit 1799) in Weimar

Christian Friedrich Daniel Schubart

geb. 1739 in Obersontheim/Schwäb. Hall.

gest. 1791 in Stuttgart

stammt aus einer Landpfarrerfamilie

1758 Beginn des Studiums der Theologie, vor dem Examen aus Geldmangel abgebrochen; erhält keine Pfarrstelle; Hauslehrer, Hilfsprediger, Aushilfsorganist

1762–68 Lehrer und Organist in Geislingen

1769 Organist und Musikdirektor in Ludwigsburg; wird wegen Beleidigung eines Höflings des Landes verwiesen;

Wanderzeit ohne feste Anstellung

1774 Herausgeber der „Deutschen Chronik" in Augsburg;

die Stadtregierung bürgert ihn wegen seiner kritischen Artikel in der Chronik aus;

Weiterführen der Chronik in der Freien Reichsstadt Ulm

1777 in Blaubeuren verhaftet

1777–87 Festungshaft auf dem „Hohenasperg" ohne Prozeß und Gerichtsurteil auf Befehl des Herzogs

1787 Theater- und Musikdirektor in Stuttgart

Gotthold Ephraim Lessing

geb. 1729 in Kamenz/Lausitz

gest. 1781 in Braunschweig

stammt aus einer Pfarrerfamilie

1746 Studium der Theologie, Philosophie und Medizin in Leipzig, nebenher schriftstellerische Arbeiten

1748 freier Schriftsteller und Zeitungsredakteur ohne feste Bezüge in Berlin

1754–60 freie schriftstellerische Tätigkeit in Berlin und Leipzig

1760–65 Sekretär im Amt des Generals Tauentzien in Breslau

1765–67 in Berlin; Bewerbung um die Stelle des Leiters der königlichen Bibliothek; wird vom preußischen König Friedrich II. abgewiesen

1767–69 Dramaturg und freier Mitarbeiter am Nationaltheater in Hamburg

1770–81 Bibliothekar in Wolfenbüttel

1778 Auseinandersetzungen mit dem Hamburger Hauptpastor Goeze über das wahre Christentum führen zu einem Verbot durch den Herzog von Braunschweig, philosophische und religiöse Schriften zu veröffentlichen.

M 2

Lessing über die Religionen:

– „Alle [...] Religionen sind folglich gleich wahr und gleich falsch."

aus: Lessings Werke in fünf Bänden, 2. Bd., Berlin/Weimar 1965, S. 233

M 3

Schubart über den Soldatenhandel:

„Hier ist eine Probe der neuesten Menschenschatzung! – Der Landgraf von Hessen-Kassel bekommt jährlich 450 000 Taler für seine 12 000 tapfere Hessen, die größtenteils in Amerika ihr Grab finden werden. Der Herzog von Braunschweig erhält 56 000 Taler für 3964 Mann Fußvolk und 360 Mann leichter Reiterei, wovon ohnfehlbar sehr wenige ihr Vaterland sehen werden. Der Erbprinz von Hessen-Kassel gibt ebenfalls ein Regiment Fußvolk ab, um den Preis von 25 000 Taler. 20 000 Hannoveraner sind bekanntlich schon nach Amerika bestimmt und 3000 Mecklenburger für 50 000 Taler auch. Nun sagt man, der Kurfürst von Bayern werde ebenfalls 4000 Mann in englischen Sold geben. Ein fruchtbarer Text zum Predigen für Patrioten, denen's Herz pocht, wenn Mitbürger das Schicksal der Negersklaven haben und als Schlachtopfer in fremde Welten verschickt werden."

aus: U. Wertheim/H. Böhm (Hrsg.): Schubarts Werke, Berlin 1965, S. 72 f.

M 4

Friedrich Schiller in seinem Theaterstück „Die Räuber":

Karl Moor, die Hauptfigur seines Dramas, spricht sehr erregt („mit den Füßen stampfend") zu seinen Weggefährten:
„Über die verfluchte Ungleichheit in der Welt! [...] Warum sind Despoten da? Warum sollen sich Tausende, und wieder Tausende unter die Laune eines Magens krümmen, und von seinen Blähungen abhängen? – [...] Das Gesetz hat noch keinen großen Mann gebildet, aber die Freiheit springt über Palisaden des Herkommens. [...] Stelle mich vor ein Heer Kerls wie ich, und aus Deutschland soll eine Republik werden [...]"

aus: Friedrich Schiller: Die Räuber, Rowohlts Klassiker der Literatur und der Wissenschaft, Band 15, S. 140 f.

M 5

Verfügung des Herzogs von Braunschweig-Wolfenbüttel

Resolution für den Hofrat Lessing, dessen neuere Schriften in Religionssachen betreffend:
„Der Durchleuchtigste Fürst und Herr (Titul, Sereniss.) lassen dem Hofrat und Bibliothekar Lessing auf Desselbe fernerweite untertänigste Vorstellung gegen die in Rücksicht der Herausgabe seiner künftigen Schriften gemachte Verfügung hiermit die Resolution erteilen, daß wie Höchstgedachte Sr. Durchl. bei der Höchsten Resolution vom 3ten dieses es lediglich bewenden lassen; also auch Höchstdieselbe dem Supplikanten (= Bittsteller) nicht gestatten können, daß er in Religionssachen, so wenig hier als auswärts, auch weder unter seinem noch anderen angenommenen Namen, ohne vorherige Genehmigung des Fürstl. Geheimen Ministerii ferner etwas drucken lassen möge, wobei demselben zugleich, daß er auf die eingesandte zu Berlin gedruckte Bogen statt dessen den Druckort Wolfenbüttel setzen lassen, hiermit ernstlich verwiesen wird, und hat derselbe sich dergleichen künftig zu enthalten.
Br[aunschweig]. d. 17ten Aug. 1778

aus: P. Mettenleiter/S. Knöbl (Hg.): Blickfeld Deutsch, Paderborn 1991, S. 168.

M 6

Anweisung des württembergischen Herzogs Carl Eugen

Herzoglicher Erlaß an den Kloster-Oberamtmann Scholl in Blaubeuren:
Dem Klosters Oberamtmann Scholl zu Blaubeuren wird nicht unbewußt sein, wie vor einigen Jahren der in Ludwigsburg angestellt gewesene Stadtorganist Schubart teils um seiner schlechten und ärgerlichen Aufführung willen, teils wegen seiner sehr bösen und sogar gotteslästerlichen Schreibart auf untertänigsten Antrag des Herzoglichen Geheimen Rats und Consistorii seines Amtes entsetzt und von dort weggejagt worden. Dieser sich nunmehr zu Ulm aufhaltende Mann fährt bekanntermaßen in seinem Geleise fort und hat es bereits in der Unverschämtheit so weit gebracht, daß fast kein gekröntes Haupt und kein Fürst auf dem Erdboden ist, so nicht von ihm in seinen herausgegebenen Schriften auf das freventlichste angetastet worden, welches Se. Herzogl. Durchlt. schon seit geraumer Zeit auf den Entschluß gebracht, dessen habhaft zu werden, um durch sichere Verwahrung seiner Person die menschliche Gesellschaft von diesem unwürdigen und anstekkenden Gliede zu reinigen.

Sich dieserwegen an den Magistrat zu Ulm zu wenden, halten Höchstdieselbe für zu weitläufig und dürfte vielleicht den vorgesetzten Endzweck gänzlich verfehlen machen; wohingegen solcher am besten dadurch zu erreichen wäre, wenn Schubart unter einem scheinbaren oder seinen Sitten und Leidenschaften anpassenden Vorwande auf unstreitig Herzogl. Württembergischen Grund und Boden gelockt und daselbst sofort gefänglich niedergeworden werden könnte.

Se. Herzogl. Durchlt. senden zu diesem Ende den Oberstwachtmeister und Flügel Adjutanten von Vahrenbühler eigens nach Blaubeuren ab, um sich mit dem Kammerherrn und Oberforstmeister Grafen von Sponeck, dem Stadt-Oberamtmann Georgii und dem Klosters Oberamtmann Scholl in der Sache über die schicklichsten Mittel mündlich zu beratschlagen, und solche sodann nach dem einmal festgesetzten Plan, wo möglich Höchstdero gnädigstem Willen gemäß, auszuführen, indem der Major von Vahrenbühler wegen des Weitern bereits die nötige Verhaltensbefehle hat. Gleichwie aber die gute Ausführung dieses gnädigsten Auftrags hauptsächlich auf der strengsten Geheimhaltung des Ganzen beruhet; also wollen auch Se. Herzogl. Durchlaucht sich zu ihm Oberamtmann Scholl in Gnaden versehen, derselbe werde hierinnen, so lieb ihm Höchstdero Herzogl. Huld und Protection nur immer sein kann, das unverbrüchlichste Stillschweigen gegen jedermann beobachten, und überhaupt nach seinen teuren Pflichten klug und behutsam zu Werke zu gehen sich nach Kräften bestreben.

aus: Geschichte in Quellen, Band 3, München 1982, S. 660.

M 7

Vorladung Schillers beim Herzog Carl Eugen von Württemberg

Johann Petersen, ein Studienfreund Schillers, erinnert sich:

„Schiller war zu dieser Zeit in der frohesten Laune [...], als unvermutet ein bedeutender Sturm sich gegen ihn erhob. Er ließ in seinen ‚Räubern‘ den Spiegelberg sagen: „Graubünden ist das Athen der Räuber.“ Bei dieser Stelle hatte der Dichter sicher kein Arges dabei (gedacht). Indessen erregte sie Galle und Rachsucht einiger Schweizer, und Schiller ward deswegen bei Herzog Karl förmlich verklagt. Karl [...] ließ ihn sogleich zu sich kommen, fuhr ihn auf das heftigste an, schalt ihn auf das derbste aus und schloß mit den Worten: „Ich sage, bei Strafe der Kassation schreibt er keine Komödien mehr!“ “

aus: W. Hoyer: Schillers Leben dokumentarisch, Frankfurt a. M./Wien/Zürich 1967, S. 80 f.

Aufgaben:

1. Untersuche, inwieweit die Lebensläufe der drei Dichter von den Obrigkeiten beeinflußt werden. (M 1) Welche Gemeinsamkeiten lassen sich finden?
2. Versuche herauszufinden, welche Aussagen in den Textbeispielen bei den Obrigkeiten wohl Anstoß erregten. (M 2–4)
3. Was warfen die absolutistischen Herrscher den Autoren vor? (M 5–7)
4. Mit welchen Methoden reagierten die Fürsten? (M 5–7)

M 1 Der Magen oder die Glieder?

Friedrich von Hagedorn:
Der Glieder Streit mit dem Magen

Die Glieder fingen an, den Magen
Mit diesen Worten zu verklagen:
Da liegt er auf der Bärenhaut,
Tut nichts, als daß er nur verdaut,
Sich stets mit Speis' und Trank erquicken,
Und was ihm übrig, von sich schicket;
Wir aber sorgen Tag und Nacht,
Ihm seine Nahrung zu gewinnen;
Ei! sind wir dann nicht wohl bei Sinnen?
Auf, laßt uns ihm den Dienst entziehn!
Er mag hinfort sich auch bemühn,
Und seine Nahrung selbst erwerben,
Wo nicht; so kann er Hungers sterben;
Was haben wir vor Dank davon?
Was gab er uns vor einen Lohn?
Nun gnug, es heißt in diesem Falle,
Für sich ein jeder, Gott für alle!
Hiermit bewegte sich kein Glied,
Es ward dem Mund und armen Magen
Kein Essen weiter fürgetragen,
Der Leib bekam kein frisch Geblüt,
Und konnt' aus Schwachheit und für Beben,
Nicht Haupt, noch Fuß und Hand erheben.
Da merkten erst die Glieder an,
Daß der, der ihnen müßig schiene,
Dem ganzen Körper besser diene,
Als ihre Müh bisher getan,
Und ihnen allen heilsam wäre,
Wenn man ihn, wie zuvor, ernähre.
So müssen auch der Obrigkeit
Die Untertanen alle dienen;
Weil sie dafür hinwieder ihnen
Schutz, Unterhalt und Ruh verleiht.
Der Magen lebt zwar durch die Glieder;
Doch er ernährt und stärkt sie wieder.
(1738)

aus: H. Lindner (Hg.): Fabeln der Neuzeit; München 1978,
S. 169.

Christian August Fischer:
Die Revolution im Tierreich oder Der Magen und die Glieder

Die Tiere waren der königlichen Regierung überdrüssig; sie hatten den Löwen abgesetzt; es war niemand auf seiner Seite als der Fuchs.
„Aber laßt mich ein einziges Wort sagen!" sprach er. „Die Glieder empörten sich einmal gegen den Magen. ‚Der unnütze Müßiggänger', sagten sie, ‚tut nichts als wohlleben und verdauen, indes wir uns zu Tode für ihn arbeiten.' Sie beschlossen, ihm nichts mehr zu reichen. Was geschah? Der Magen litt freilich, aber sie fühlten bald, daß sie mitlitten. Sie wurden alle Tage matter und kraftloser; sie sahen endlich ein, daß sie den meisten Vorteil vom Magen hatten.
„Ebenso ist es mit der königlichen Gewalt", fuhr der Fuchs fort. „Auf ihr beruht das allgemeine Beste; alle anderen Stände, mit einem Worte, die ganze Nation bestehet nur durch sie!"
„Du vergissest einen kleinen Umstand", fiel die Schlange ein, „der Magen isset und nützet zugleich, die meisten Könige essen nur."
(1796)

aus: K. Emmerich (Hg.): Der Wolf und das Pferd. Deutsche Tierfabeln des 18. Jahrhunderts, Darmstadt 1960, S. 270.

Aufgaben:

1. Was ist hier mit dem Magen und was mit den Gliedern gemeint?
2. Stelle das Verhältnis der Glieder zum Magen dar, wie es Hagedorn und wie es Fischer sieht.
3. Welche Stellung zum herrschenden System nehmen die beiden Autoren ein?

M 2 Drei Fabeln

Gottfried Ephraim Lessing:
Der Löwe mit dem Esel

Als des Äsopus Löwe mit dem Esel, der ihm durch seine fürchterliche Stimme die Tiere sollte jagen helfen, nach dem Walde ging, rief ihm eine naseweise Krähe von dem Baume zu: „Ein schöner Gesellschafter! Schämst du dich nicht, mit einem Esel zu gehen?" –
„Wen ich brauchen kann", versetzte der Löwe, „dem kann ich ja wohl meine Seite gönnen."
So denken die Großen alle, wenn sie einen Niedrigen ihrer Gemeinschaft würdigen.   (1759)

aus: Lessings Werke, Band 5, Berlin/Weimar 1965, S. 127.

Matthias Claudius:
Fuchs und Bär

Kam einst ein Fuchs vom Dorfe her,
Früh in der Morgenstunde,
Und trug ein Huhn im Munde;
Und es begegnet' ihm ein Bär.
„Ah! guten Morgen, gnäd'ger Herr!
Ich bringe hier ein Huhn für Sie!
Ihr Gnaden promenieren ziemlich früh,
Wo geht die Reise hin?"
„Was heißest du mich gnädig, Vieh!
Wer sagt dir, daß ich's bin?"
„Sah Dero Zahn, wenn ich es sagen darf,
Und dero Zahn ist lang und scharf."

aus: M. Claudius: Asmus Omnia oder Sämtliche Werke, Stuttgart 1962, S. 63.

Friedrich Karl von Moser:
Wir haben gegessen

Am Geburtstag eines jungen Adlers gab König Adler seiner Familie ein großes Mahl und lud alles Heer des Himmels zu diesem Freudenfest ein. Ehrerbietig warteten Tausende von Vögeln bei seiner Tafel auf, bewunderten den Reichtum der Speisen und noch mehr die heroischen Verdauungskräfte ihres Königs.

„Wir", sprach endlich der gesättigte Adler zu dem zuschauenden Volk, „wir haben gegessen."

„Wir aber nicht", zwitscherte ein von Heißhunger geplagter Sperber.

„Ihr seid", erwiderte der erhabene Monarch, „mein Staat, ich esse für euch alle."   (1786)

aus: K. Emmerich (Hg.): a. a. O., S. 139.

Aufgaben:

4. Suche aus den Fabeln die Tiere heraus, welche die Obrigkeit und diejenigen, welche die Untertanen darstellen und stelle jeweils deren Verhältnis zueinander dar.
5. Stelle fest, was in den Fabeln kritisiert wird.
6. Versuche zu erklären, warum die Schriftsteller ihre Kritik am absolutistischen System in die Form von Fabeln kleideten.

M 3

Zwei direkte Kritiken

Gottfried August Bürger:
Der Bauer an seinen durchlauchtigen Tyrannen

Wer bist du, Fürst, daß ohne Scheu
zerrollen mich dein Wagenrad,
zerschlagen darf dein Roß?
Wer bist du, Fürst, daß in mein Fleisch
dein Freund, dein Jagdhund, ungebläut
darf Klau' und Rachen haun?
Wer bist du, daß durch Saat und Forst
das Hurra deiner Jagd mich treibt,
entatmet, wie das Wild? –
Die Saat, so deine Jagd zertritt,
was Roß, und Hund, und du verschlingst,
das Brot, du Fürst, ist mein.
Du, Fürst, hast nicht, bei Egg' und Pflug,
hast nicht den Erntetag durchschwitzt.
Mein, mein ist Fleiß und Brot!
Ha! Du wärst Obrigkeit von Gott?
Gott spendet Segen aus; du raubst!
Du nicht von Gott, Tyrann!
(1773)

aus: Bürgers Werke, Berlin/Weimar 1965, S. 196.

Friedrich Schiller: Kabale und Liebe

Kammerdiener: Seine Durchlaucht der Herzog empfehlen sich Milady zu Gnaden und schicken Ihnen diese Brillanten zur Hochzeit. Sie kommen soeben erst aus Venedig.

Lady (hat das Kästchen geöffnet und fährt erschrocken zurück): Mensch! Was bezahlt dein Herzog für diese Steine?

Kammerdiener (mit finsterem Gesicht): Sie kosten ihn keinen Heller.

Lady: Was? Bist du rasend? Nichts? [...] nichts kosten ihn diese unermeßlich kostbaren Steine?

Kammerdiener: Gestern sind siebentausend Landskinder nach Amerika fort – die zahlen alles.

Lady (setzt den Schmuck plötzlich nieder und geht rasch durch den Saal, nach einer Pause zum Kammerdiener): Mann! Was ist dir? Ich glaube, du weinst?

Kammerdiener (wischt sich die Augen, mit schrecklicher Stimme, alle Glieder zitternd): Edelsteine, wie diese da – ich hab' auch ein paar Söhne drunter.

Lady (wendet sich bebend weg, seine Hand fassend): Doch keinen gezwungenen?

Kammerdiener (lacht fürchterlich): Oh Gott! – nein – lauter Freiwillige. Es traten wohl so etliche vorlaute Bursch' vor die Front heraus und fragten den Obersten, wie teuer der Fürst das Joch Menschen verkaufe? – Aber unser gnädigster Landesherr ließ alle Regimenter auf dem Paradeplatz aufmarschieren und die Maulaffen niederschießen. Wir hörten die Büchsen knallen, sahen ihr Gehirn auf das Pflaster spritzen, und die ganze Armee schrie: Juchhe! Nach Amerika! –
[...]

Lady (steht auf, heftig bewegt): Weg mit diesen Steinen – sie blitzen Höllenflammen in mein Herz. – (Sanfter zum Kammerdiener.) Mäßige dich, armer, alter Mann. Sie werden wiederkommen. Sie werden ihr Vaterland wiedersehen.

Kammerdiener (warm und voll): Das weiß der Himmel. Das werden sie! – Noch am Stadttor drehten sie sich um und schrien: Gott mit Euch, Weib und Kinder! – Es leb' unser Landesvater – am jüngsten Gericht sind wir wieder da! –
(1784)

aus: L. Bellermann (Hrsg.): Schillers Werke, Bd. 2, Leipzig/Wien o. J., S. 335 ff.

Aufgaben:

7. In dem Gedicht von G. A. Bürger und in dem Theaterstück von Friedrich Schiller werden politische und gesellschaftliche Zustände des Absolutismus angeklagt. Welche?
8. Versuche, die Berechtigung der Kritiken aller Texte aufgrund Deiner historischen Kenntnisse über den Absolutismus zu beurteilen.

Didaktische Bemerkungen

Eine verbindliche, auf alle Ausprägungen des Absolutismus in Europa zutreffende Definition gibt es nicht, weil die Durchsetzung der fürstlichen Souveränität in den einzelnen europäischen Staaten von unterschiedlicher Intensität war und weil die politischen und sozialstrukturellen Gegebenheiten jeweils andere Formen des Absolutismus zur Folge hatten. Auch die Festlegung eines zeitlichen Anfangs- und Endpunktes für ein „Zeitalter" des Absolutismus ist, wie Rudolf Vierhaus gezeigt hat, überaus fragwürdig.(1)

Jeder Definitionsversuch muß berücksichtigen, daß Theorie (Anspruch) und Wirklichkeit des Absolutismus nirgendwo zur Deckung gebracht worden sind: „Der Absolutismus (erreichte) nicht annähernd jenes Maß an Rationalität der politischen Organisation, an Integration und Vereinheitlichung des Untertanenverbandes, das seiner Theorie tendenziell innewohnte"(2).

Trotzdem ist für Unterrichtszwecke eine orientierende Begriffsbestimmung unerläßlich, um den Schülern die Zuordnung der Phänomene und Ereignisse zu ermöglichen und in einen Zusammenhang zu stellen. Für die Mittelstufe erscheint dabei eine katalogartige Zusammenstellung der wichtigsten Elemente und eine ungefähre zeitliche Begrenzung hinreichend. Diese Zusammenstellung sollte wenigstens folgende Elemente enthalten:

— Streben nach Einheit und Zentralisation
— weitgehende Durchsetzung des fürstlichen Machtanspruchs nach innen und außen
— Einschränkung oder Beseitigung der Konkurrenten um die Macht durch die Domestizierung des Adels, die „soziale Disziplinierung" der Untertanen und die „Royalisierung" von Verwaltung und Heerwesen
— Schaffung (bzw. Vervollkommnung) von Einrichtungen: besoldete Beamtenschaft, stehendes Heer, Steuersystem, Merkantilismus, zentrale Hofhaltung
— fürstliche Gesetzgebung und Gerichtsbarkeit
— Herstellung der Glaubenseinheit.

Die Erarbeitung einer – schülergerechten – Definition des kontinentaleuropäischen Absolutismus kann außerdem dazu beitragen, den Modellcharakter der Beschränkung auf die französische und die preußische Ausprägung des Absolutismus, die aus Zeitgründen geboten ist, aufzuzeigen: Die Definition umfaßt auch andere absolutistische Systeme, wie sie insbesondere in Süddeutschland und in Nordeuropa bestanden haben.

(1) Vierhaus, Rudolf: Deutschland im 18. Jahrhundert, Göttingen 1987, S. 75.
(2) Hinrichs, Ernst (Hg.): Absolutismus, Frankfurt/M. 1984, S. 11 f.

Sachinformation

Gerhard Oestreich: Wesenszüge des Absolutismus

Nicht allein die politische Praxis hat den absolutistischen Staat heraufgeführt, er ist auch das Ergebnis eines geistigen Prozesses als Reaktion auf die konfessionelle Zersplitterung der Völker und die dadurch bewirkten Auflösungserscheinungen des frühmodernen Staates. Die politische Gewalt, die Recht und Frieden, Schutz und Wohlfahrt für die Gesellschaft und das Individuum garantieren soll, muß von den theologischen und von den mit ihnen oft verbündeten ständischen Mächten emanzipiert werden. Mit der Enttheologisierung und Entkonfessionalisierung parallel läuft ein anderer Vorgang: In einem durch barocke Repräsentation übersteigerten Anspruch wird der Fürst zum vornehmsten Mittelpunkt der staatlichen Behördenorganisation und des Staates überhaupt. Der Herrscher soll die Zügel der Regierung allein und selbst führen, nicht gebunden an die Zustimmung oder Mitwirkung einer Landesvertretung, um die erstrebte unabhängige, souveräne Gewalt zu gewährleisten [...]

Von einer totalen Durchdringung der Staatsverwaltung nach unten, von einer absoluten Herrschaft durch die Zentrale bis zu den oft nur mittelbaren Untertanen kann keine Rede sein [...] Beide Staatsgesellschaften, ständische und absolutistische zusammen erst übten die ganze Herrschaft aus im Gegensatz zu dem von der Einheitspartei zentral und lokal geleiteten und repräsentierten Totalitarismus [...]

Die Zentralgewalt forderte theoretisch ein allgemeines politisches Untertanentum und bereitete damit die spätere politisch-rechtliche Gleichstellung aller Bürger vor, erhielt aber im verfassungsmäßigen Aufbau bewußt die sozial-wirtschaftliche Unterscheidung der Stände aufrecht.

(Oestreich, Gerhard: Verfassungsgeschichte vom Ende des Mittelalters bis zum Ende des alten Reiches, München 1974, S. 90 f.)

Die Herrschafts- und Regierungsform Ludwigs XIV. – Kommentar A 2

Didaktische Bemerkungen

Konkrete Ausprägungen des absoluten Herrschaftsanspruchs Ludwigs XIV. sind dazu geeignet, Strukturelemente des neuen Herrschaftssystems in einer altersgemäßen Form zu vermitteln. Im Vordergrund stehen dabei folgende Aspekte:

1. Der absolute Monarch fordert für sich die uneingeschränkte Souveränität; konsequenterweise versucht er deshalb, die bisherige Verteilung der Macht auf mehrere Träger aufzuheben und die Herrschaft in seiner Hand zu zentralisieren.
2. Der bisher mediatisierte Zugriff auf die Untertanen wird in einen unmittelbaren Zugriff umgewandelt; an die

A 5

Stelle der Gefolgschaftstreue und Lehnspflichten von mächtigen Adligen tritt die Beamtentreue der vom König eingesetzten Minister, Intendanten und weisungsgebundenen Amtsverwalter. Das Nebeneinander von königlichen und ständischen Entscheidungsbefugnissen wird durch vertikale Befehlsstränge abgelöst.

3. Die Alleinherrschaft wird rational begründet; im Vordergrund stehen Zweckmäßigkeit, Effizienz der Verwaltung, Beschleunigung der Ausführung von Weisungen sowie die optimale Durchsetzung des Staatsinteresses und der Wohlfahrt der Untertanen. „Durchgehendes Element des Absolutismus war der Geist der Rationalität, der in alle Bereiche des Staatsbetriebs eindringen, sie nach gleichen Prinzipien einrichten und aufeinander abstimmen will wie einen kunstvollen Mechanismus" (1).

4. Alleinherrschaft wird als Pflicht des Königs definiert. Das Selbstregiment ist mit einem ungeheuren Arbeitseinsatz des Königs und der Freude an souveränen Entscheidungen verknüpft. Dies gilt nicht erst für den aufgeklärten Absolutismus, sondern ist bereits Wesenselement des Herrschaftsverständnisses Ludwigs XIV. „In der Sphäre der Entscheidung wohnt [...] der König allein" (2).

5. Durchsetzung und Legitimation der angestrebten Souveränität bedürfen einer entsprechenden Propaganda, die in einer beispiellosen Glorifizierung des Monarchen und seiner Machtvollkommenheit gipfelt und selbst vor einer Sakralisierung des Königs nicht zurückschreckt.

Das Verständnis für die neue Herrschaftsform wird den Schülerinnen und Schülern dadurch erleichtert, daß man die vorabsolutistische Ordnung mit dem neuen Herrschaftssystem konfrontiert (vgl. Arbeitsblatt 4).

Die Tatsache, daß weder in Frankreich noch in anderen absolutistischen Staaten die Zentralisierung der Macht und die Rationalität der staatlichen Organisation auch nur annähernd erreicht werden konnte – Anspruch und Realität klafften weit auseinander –, wird man in den Einführungsstunden nicht thematisieren, um die Geschlossenheit des ersten Eindruckes von einer neuen politischen Ordnung nicht unnötig aufzubrechen. Für diesen wird eine ausführliche Überprüfung des französischen Absolutismus zur Zeit Ludwigs XIV. in späteren Unterrichtsschritten vorgeschlagen.

(1) Vierhaus, Rudolf: Deutschland im 18. Jahrhundert, Göttingen 1987, S. 81 f.
(2) Hinrichs, Ernst (Hg.): Absolutismus. stw 535. © Suhrkamp Verlag, Frankfurt/M. 1986, S. 101.

Es hat sich bewährt, am Ende der Beschäftigung mit den Materialien zu diesem Themenbereich zusammen mit der Klasse einen Katalog von Leitfragen zu erstellen, der die weitere Beschäftigung mit dem Absolutismus strukturiert und zu einer erhöhten Transparenz des Lernprozesses beiträgt:

1. Welches sind die bestimmenden politischen, wirtschaftlichen, sozialen und geistigen Kräfte in der Epoche des Absolutismus?

2. Worin liegt das „Neue" und „Besondere" gegenüber der vorangehenden Epoche?

3. Welche Ursachen und welche Veränderungen führen zur Epoche des Absolutismus?

4. Welche Strukturmerkmale der vorangehenden Zeit werden durch den Absolutismus aufgehoben?

5. Wodurch unterscheidet sich der Absolutismus von der nachfolgenden Epoche (von heutigen politischen, wirtschaftlichen und gesellschaftlichen Strukturen)?

Sachinformationen

Heinz Duchhardt: Das französische Modell

Das französische Modell des Absolutismus [...] ist von den meisten Staaten des Kontinents zum leuchtenden Vorbild und in den Rang eines verpflichtenden Beispiels erhoben worden [...] Ein stärkerer Zuschnitt der Verwaltung auf den Souverän und gleichzeitig ihre Reform ist mit wechselndem Erfolg überall versucht worden [...] Was dem Vorbild seine eigene Faszination verlieh, das war die Tatsache, wie sehr die einzelnen Elemente ineinandergriffen, wie sehr ein unbändiger und konsequenter Rationalisierungswille dem großen Ziel der Epoche nahekam, dem Staat den Charakter einer Maschine, eines vollkommenen „Systems" zu verleihen.

Die Voraussetzung für jede Intensivierung der Staatsmacht war in geradezu einmaliger Weise gegeben, seit sich die Krone durch ihren Sieg über die Fronde und Spanien als unangefochtene politische Macht etabliert hatte und gezielt daran gehen konnte, durch Propaganda und Herrschaftssakralisierung die Grundlagen der Identität von Staat und Herrschaft und der Identifikationsbereitschaft der Untertanen zu legen [...]

Der Fürstliche Absolutismus war nirgendwo in Europa eine so organische Einheit und – unbeschadet seiner Defizite – ein so komplementäres System wie in Frankreich, nirgendwo wohl auch so erfolgreich, weil er sein letztes Ziel, die Durchdringung, Homogenisierung und Disziplinierung des Untertanenverbandes in politischer, rechtlicher, religiöser und kultureller Hinsicht, in Frankreich am weitestgehenden erreichte.

(Duchhard, Heinz: Das Zeitalter des Absolutismus, S. 45–48. © R. Oldenbourg Verlag, München 1989)

Carl Hinrichs: Der Entschluß zur autonomen Entscheidung

Nur der selbstregierende absolutistische Herrscher vermag die im legitimen Königtum angelegten Möglichkeiten zu verwirklichen. Selbstregierendes Königtum aber bedeutet Abschaffung des Premierministers [...] Die Entscheidung (décision) (ist) allein Sache des Königs und nicht der Minister [...] Für diese instinktiven Entscheidungen gibt es keine Regeln, keine Bücher, keine Erfahrungen, die uns lehren, wann wir ihnen mißtrauen müssen und wann wir ihnen folgen dürfen: aber durch eine gewisse Richtigkeit und Kühnheit des Geistes werden sie stets gefunden, und zwar [...] viel unbefangener von dem, der niemandem Rechenschaft über seine Handlungen schuldig ist [...]

Das persönliche, empirische Selbst des Herrschers kann dank der souveränen Freiheit, die die höchste Geburt nur ihm verliehen hat, seine natürlichen Geistes- und Seelenkräfte in absoluter Selbstbestimmung entfalten und betätigen, es wird deshalb die alleinige Quelle der Autorität und der Entscheidung. Das in Arbeit, Kommunikation und Aktion frei sich entfaltende „Ich" des Herrschers wird zum Inbegriff, zum bewegenden Zentrum der allgemeinen Verhältnisse des Staates: in diesem Sinne kann auch das apokryphe „L'état c'est moi" verstanden werden [...]

Zwar ist dieses königliche Selbst von Gott durch die legitime Geburt eingesetzt als sein „lieutenant" auf Erden, aber mit dieser Statthalterschaft scheint dem König in seinem irdischen Bereich dieselbe absolute Selbstbestimmung gegeben, die Gott in der Aufrichtung des „ordre naturel" überhaupt bestätigt hat. Der König ist mehr Ebenbild [...] Gottes auf Erden als sein Amtmann.

(Hinrichs, Ernst (Hg.), Absolutismus. stw. 535. © Suhrkamp Verlag, Frankfurt/M. 1986, S. 99–114)

Die Wirtschaftsordnung des Absolutismus – Kommentar A 6

A 8

Didaktische Bemerkungen

Die Bedeutung des absolutistischen Wirtschaftssystems reicht weit über das Zeitalter des Absolutismus hinaus, weil hier Weichen gestellt wurden für die moderne Entwicklung der europäischen Staaten und Gesellschaften, die bis in die heutige Zeit die Richtung weisen. Dies gilt sowohl für die eigentliche wirtschaftliche Entwicklung als auch für die Rolle des Staates in bezug auf die Wirtschaft. Die politische und die gesellschaftliche Gestalt des absolutistischen Zeitalters haben die Revolution des Bürgertums im 18. und 19. Jahrhundert beseitigt; die Voraussetzungen für diese Revolutionen wurden aber – im Positiven wie im Negativen – durch die neue Wirtschaftsform geschaffen, und sie selber bildete die Grundlage für das Entstehen der neuzeitlichen Wirtschaft durch das Prinzip der Arbeitsteilung.

Dementsprechend legen die drei Arbeitsblätter A 6–A 8 die Schwerpunkte auf folgende Themen:

1. die politische Seite des Merkantilismus; oder: die Bedürfnisse des absolutistischen Staates nach einer florierenden Wirtschaft und der Zugriff des Staates auf die Wirtschaft;

2. die technische Seite des Merkantilismus; oder: die Ablösung des bedarfsorientierten Handwerksbetriebs durch die bedarfsweckende und arbeitsteilige Manufaktur;

3. die gesellschaftliche Seite des Merkantilismus; oder: das Entstehen der neuen Schicht des bürgerlichen Unternehmers und der besitzlosen Arbeiterschicht.

Diese Inhalte sollen anhand der Zustände in Frankreich aufgezeigt werden, obwohl manche Erscheinungen des Merkantilismus – weil dort unvermittelter und ohne vorabsolutistische Entwicklung – idealtypischer am Beispiel des brandenburg-preußischen Staates oder am Rußland Peters und Katharinas gezeigt werden könnten. Diese Entscheidung findet Unterstützung in der Fachwissenschaft; denn eine einheitliche, für alle europäischen Staaten typische Form des merkantilen Systems ist zumindest sehr umstritten. (Siehe dazu: Fritz Blaich; Die Epoche des Merkantilismus, Wiesbaden 1973.)

Das Arbeitsblatt A 6 thematisiert die Bedürfnisse des Staates und die Methoden, mit denen diese Bedürfnisse befriedigt werden sollten. Dieser Einstieg in das Thema hat die Funktion, die Verkoppelung von Staat und Politik mit der wirtschaftlichen Entwicklung zu zeigen. Es wird klar, daß der absolutistische Staat seine Reglementierung auch auf das Gebiet der Wirtschaft ausdehnt.

Das Arbeitsblatt A 7 führt in die neue Wirtschaftsordnung des Absolutismus ein, indem aufgezeigt wird, daß mit dem gestiegenen Geldbedarf des Staates für diesen die Notwendigkeit bestand, Einfluß auf die Wirtschaft des Landes zu nehmen.

Im Zusammenhang der Besprechung der Aufgabe 4 (A 6) bietet sich ein Exkurs über die Möglichkeiten der Einnahmen eines Staates an: Steuern, Zölle, eigene Betriebe. Die Hauptmasse der Einnahmen stellen die Steuern dar. Dieses Geld muß erst volkswirtschaftlich erarbeitet werden, und zwar durch Produktion. Für Frankreich im 17. Jahrhundert heißt dies: landwirtschaftliche und handwerkliche Produktion, wovon die handwerkliche Produktion leichter gesteigert werden kann.

Am Beispiel der Manufakturen kann die praktische Auswirkung der Colbertschen Wirtschaftsvorstellungen gezeigt werden. Die Manufakturen als Phänomen der neuen Wirtschaftsform eignen sich aus mehreren Gründen als Unterrichtsgegenstand. An ihnen können die wesentlichen Erneuerungen dieser historischen Erscheinungen gezeigt werden:

1. der staatliche Eingriff in die Wirtschaft,
2. die Veränderungen in der Arbeitswelt,
3. die Frage nach den Nutznießern aus diesen Veränderungen.

Das Hauptgewicht in Arbeitsblatt 7 liegt auf dem technischen Ablauf in der Produktionsstätte Manufaktur und in der besonderen Ausprägung der Manufaktur-Produktionsweise im Vergleich zu den ganz anders gearteten Produktionsmethoden des Handwerksbetriebs.

Am System der staatlich gelenkten Wirtschaft und dessen Funktionieren kann die Rolle des bürgerlichen Unternehmers im absolutistischen Staat erläutert werden.

A 6 Kommentar – Die Wirtschaftsordnung des Absolutismus

A 8

Hier bietet sich auch Gelegenheit, die Schwachstelle des Colbertschen Systems, den Niedergang der Landwirtschaft und die Verarmung der Bauern, zu thematisieren. Die Frage der Höchstpreise für landwirtschaftliche Erzeugnisse bildete ein wesentliches Element merkantilistischer Wirtschaftspolitik. Colbert erklärte dazu: „Der Preis der Lebensmittel wird auf den Wert heruntergefahren, welcher für diejenigen [...], die diese Lebensmittel verzehren wollen, durch die nach ihrer Arbeit geäußerten Nachfrage bestimmt worden ist." Das heißt, die Grundnahrungsmittel müssen so billig sein, daß der geringe Lohn der Manufakturarbeiter ausreicht, sie und ihre Familien ernähren zu können. Diese Politik ging zu Lasten der Landwirtschaft und führte zu einer Verarmung der Bauern. Die Bauern dienten sozusagen nur als Zulieferer billiger Nahrungsmittel; dabei waren die Mehrzahl der Einwohner Frankreichs Landbewohner. Die wirtschaftliche Fürsorge des Staates traf also nur einen kleinen Teil der Gesamtbevölkerung. Sie wurde auch nicht als soziale Verpflichtung des Staates verstanden, sondern hatte nur wirtschaftliche Beweggründe.

Das Arbeitsblatt A 8 soll die Bedeutung der wirtschaftlichen Struktur für eine Veränderung der Gesellschaft, aber auch das Weiterbestehen der feudalen Ständegesellschaft im Absolutismus zeigen. Insofern wird bereits auf Probleme hingewiesen, die am Ende des 18. Jahrhunderts zur bürgerlichen Revolution in Frankreich führten, ohne daß aber diese Fragen in Zusammenhang mit dem Arbeitsblatt erörtert werden sollten. Die Schülerinnen und Schüler erkennen, daß eine wichtige Gesellschaftsschicht in einem Bereich der staatlichen Wirklichkeit abseits steht.

Die unterschiedliche Beurteilung der Stellung der drei Stände durch drei Autoren macht neben der inhaltlichen Bedeutung für das Thema mit der Frage vertraut, daß Beurteilungen auch immer von der Perspektive und von der Intention des Verfassers abhängen. Die Relativierung der Aussagen sollte deutlich herausgestellt werden.

In einem abschließenden Unterrichtsgespräch über die gesellschaftliche und politische Stellung der Stände und ihrer wirtschaftlichen Bedeutung für Gesellschaft und Staat soll die Problematik der Zustände im absolutistischen Frankreich erkannt werden.

Sachinformationen

Rudolf Vierhaus: Die Grenzen des Merkantilismus

Die ökonomische Effizienz des sogenannten Merkantilismus, also der Wirtschaftspolitik absolutistisch regierter Staaten, muß [...] insgesamt eher skeptisch beurteilt werden.

Einzelne Zweige des Handels und des Gewerbes erfuhren kräftige Anregungen, ohne immer langfristig profitabel zu werden. Eine entsprechende Anregung des privaten Konsums über einen schmalen Luxussektor hinaus blieb aus [...]

Man (muß) fragen, ob die finanzwirtschaftliche Auskämmung des Landes die ökonomische Entwicklung nicht behindert, Monopolerteilungen und Handelsverbote, also Planungs- und Steuerungsmaßnahmen, mögliche andere, ergiebigere Entwicklungen nicht gehemmt haben. [...] Das Einkommensniveau des großen Teils der Bevölkerung blieb niedrig, so daß keine nennenswerte Nachfrage im Inland entstand, und die Produktionstechnik machte keine wesentlichen Fortschritte.

So erscheint die merkantilistische Gewerbeförderungspolitik [...] als ein charakteristisches Beispiel für die Diskrepanz zwischen der schon erkannten Notwendigkeit wirtschaftlicher Entwicklung und den noch bestehenden systemspezifischen Grenzen der vor-industriellen, ständischen Gesellschaft und des monarchischen Obrigkeitsstaates.

(Vierhaus, Rudolf: Staaten und Stände, Frankfurt/Main 1990, S. 283.)

A 9 Kommentar – Ludwig XIV. und zwanzig Millionen Franzosen

A 12

Didaktische Bemerkungen

„Die Schaffung eines Untertanenverbandes, eines „Staatsvolkes", war das Bestreben der absolutistischen Monarchie. Egalisierung (lag) in der Konsequenz des absolutistischen Regiments, indem der Abstand des Monarchen von allen Regierten sich ständig vergrößerte und diese dadurch in ein ähnliches Verhältnis der Unterwerfung und des Gehorsams gesteuert wurden. Hierin lag eine der Voraussetzungen dafür, daß sich die Bevölkerung aller sozialen Schichten langsam und fast unmerklich auf den gemeinsamen Nenner des Staatsbürgers hin bewegte" (1). Tatsächlich blieb die Gesellschaft im Absolutismus in allen europäischen Staaten jedoch überaus differenziert: feudale Machtstrukturen, ein unübersichtliches Gewirr von Korporationen mit verbrieften Sonderrechten und Stadtherrschaften mit unterschiedlichen Privilegien bestimmten den komplexen sozialen Aufbau der Gesellschaft. Dabei verstellt das starre Schema von drei Ständen (Geistlichkeit, Adel, Bürger- und Bauernstand) den Blick auf die vielfältige Gliederung der Gesellschaft im Absolutismus. Sowohl innerhalb der Stände als auch zwischen ihnen gab es mannigfaltige Differenzierungen hinsichtlich der Macht, des Besitzes, der Lebensführung und des Ansehens: „Es gab mehrere hundert Rangstufen oder – wenn man [...] die horizontale Untergliederung betrachtet –

hunderterlei Zünfte, korporative Vereinigungen, Bruderschaften, Berufsgenossenschaften oder Gesellschaften. Jede Institution – vom Versailler Hofstaat bis zum ‚Schreibvolk' des Parlaments von Dombes [...] bildete in gesellschaftlicher Hinsicht eine Welt für sich" (2).

Dies kann man im Unterricht nicht in den Einzelheiten nachzeichnen; dennoch entstünde ein schiefes Bild von den gesellschaftlichen Gegebenheiten des absolutistischen Zeitalters, wenn nicht wenigstens ansatzweise versucht würde, das verbreitete Bild einer dreistufigen Ständepyramide aufzubrechen. Im vorliegenden Abschnitt der Arbeitsblätter zum Absolutismus werden deshalb exemplarisch für den französischen Adel im Zeitalter Ludwigs XIV. Materialien angeboten, mit denen man auch Schülerinnen und Schülern der Mittelstufe die Fragwürdigkeit eines homogenen Adelsstandes, der uneingeschränkt der königlichen Gewalt unterworfen war, aufzeigen kann. Dabei erkennen die Schülerinnen und Schüler, daß der König und die „Eliten" wechselseitig voneinander abhängig waren.

Als weitere Themen dieser Teileinheit werden vorgeschlagen:

* die Stellung der Frau im französischen Absolutismus
* Leben und Funktionen der Unterschichten
* die Auseinandersetzung der französischen Krone mit den Hugenotten und das Edikt von Fontainebleau.

Sowohl am Hofe von Versailles wie auch im bürgerlichen Lebensbereich war die Rolle der Frau im wesentlichen auf die bloße Repräsentation beschränkt; Frauen mußten sich mit der Erfüllung immer neuer und überzogener modischer Anforderungen zufrieden geben, eine höhere Bildung wurde ihnen vorenthalten und ihre Rechte waren nur sehr gering. „Aus dem Bereich, in dem allein mit beginnender kapitalistischer Produktionsweise noch wirklich Einfluß auszuüben war, also aus dem gesamten wirtschaftlichen Bereich, war die Frau [...] verdrängt worden"(3).

Die Beschreibung des bäuerlichen Lebens soll ein Gegengewicht zu der ausschließlich auf den Monarchen und seine Umgebung beschränkten Darstellung der Gesellschaft bilden; denn zweifellos fand die große Mehrheit der Franzosen ihren Lebensmittelpunkt in Abhängigkeiten und Tätigkeiten, die fernab von den staatlichen Institutionen und dem Hofleben in Versailles lagen.

Der über hundert Jahre dauernde Versuch, die calvinistische Religion auszuschalten und die Glaubenseinheit, die im Interesse der Krone lag, wieder herzustellen, fand mit der Aufhebung des Edikts von Nantes (1685) seinen unbestrittenen Höhepunkt. Daß diese rücksichtslose Unterdrückung der Hugenotten sich als großer Fehler herausstellte, kann im Unterricht zur Reflexion über die Vorteile religiöser Toleranz nutzbar gemacht werden.

Die Kapitelüberschrift folgt dem Titel, welchen Pierre Goubert für seine Darstellung des französischen Absolutismus gewählt hat.

(1) Zeeden, Ernst Walter: Europa im Zeitalter des Absolutismus und der Aufklärung, Stuttgart 1981, S. 54.
(2) Bluche, Francois: Im Schatten des Sonnenkönigs, Würzburg 1986, S. 355 f.
(3) Möbius, Helga: Die Frau im Barock, Stuttgart 1982, S. 33.

Sachinformationen

Ilja Mieck: Die Funktion des Adels

Mit dem Sieg des absoluten Königtums über die feudalen Gewalten stellte sich die Frage, welche Rolle die politisch entmachtete Aristokratie künftig zu spielen bestimmt war. Ludwig XIV., in dem das Fronde-Erlebnis einen unauslöschlichen Eindruck hinterlassen hat, zog den einflußreichen Teil des Adels an den Hof (Residenz seit 1682 Versailles); einmal, um dem barocken Königtum einen glanzvollen repräsentativen Rahmen zu geben, zum anderen in der Absicht, alle potentiellen Führer und Parteigänger einer neuen Fronde ständig unter Kontrolle zu haben. Das kostspielige Hofleben war ein – vom König nicht unbeabsichtigtes – Mittel zur finanziellen Schwächung des Hochadels und brachte manche Familien an den Rand des Ruins [...]

Ohne seine Erlaubnis durfte man sich nicht vom Hofe entfernen; die Verbannung in die Provinz bedeutete den Ausschluß aus der „Gesellschaft" und brachte infolge des Ausbleibens königlicher Gunstbeweise (Versorgungsstellen für die Söhne!) oft die Gefahr des sozialen Abstiegs auf die Stufe des verarmten Landadels, dem die niedrigen Preise für landwirtschaftliche Erzeugnisse schwer zu schaffen machten. Fast alle anderen Arten wirtschaftlicher Betätigung waren dem Adel bei Verlust seiner Privilegien, die im übrigen nicht angetastet wurden, verboten [...]

(Mieck, Ilja: Europäische Geschichte der frühen Neuzeit. © Kohlhammer Verlag, Stuttgart 1981, S. 185.)

Philippe Joutard: Die Hugenotten nach dem Edikt von Fontainebleau (1685)

Das Verhalten der französischen Hugenotten läßt sich nicht in der Alternative des Exils für die überzeugten Reformierten oder der Anpassung für die Lauen fassen. Es gab noch zwei weitere mögliche Verhaltensweisen, nämlich ein doppeltes Spiel zu treiben oder aber offenen, gewaltfreien oder gewaltsamen Widerstand zu leisten [...]

Zu Anfang trieb der größte Teil der Protestanten, die nicht ausgewandert waren, ein doppeltes Spiel: Dem Anschein nach waren sie „noveaux convertis", Neubekenner; sie praktizierten sämtliche obligatorischen Kulthandlungen, zunächst natürlich Heirat und Kindtaufe, die alleinigen Grundlagen für eine legale Existenz in einer Zeit, in der die Personenstandsregister von den katholischen Pfarreien geführt wurden; aber sie besuchten auch die Messe und schickten ihre Kinder zum Katechismusunterricht. Abends lasen sie die Bibel und das kleine Psalmenbuch und unterrichteten vor allem ihre Kinder im reformierten Glauben, indem sie außer Kraft setzten, was der Priester einige Stunden zuvor gesagt hatte [...]

Anderswo waren die Konzessionen minimal; [...] (man) erklärte zwar nach der Aufhebung des Edikts von Nantes, der „katholischen apostolischen und römischen Religion" anzugehören, ohne sich jedoch auf die heilige Jungfrau zu berufen, und vom Jahr 1690 an begnügte man sich mit dem Wunsch, auf dem katholischen Friedhof beerdigt zu werden [...]

Es handelte sich nur um bescheidene Siege, die jedoch entscheidendere ankündigten, weil das „doppelte Spiel" bereits den Kampf um die Bewahrung einer Identität darstellte; es ließ sich nicht auf eine träge „Doppelzüngigkeit" zurückführen. Die „Neubekehrten" lauerten auf die geringste Erlahmung des Eifers der Obrigkeit; alles diente ihnen zum Vorwand, um ihren Verpflichtungen nicht nachzukommen: man hörte nicht die Glocke, die zur Messe ruft, man wurde krank, man vergaß, sein Haus für die Fronleichnamsprozession mit Blumen zu schmücken. In der Todesstunde zeigte sich ganz besonders die Bedeutung dieses Verhaltens. Man wollte nicht zwischen der Letzten Ölung und der Ablehnung des Priesters wählen müssen. Empfing man die Sterbesakramente, ordnete man sich dem „Papismus" unter; stieß man den Priester zurück, riskierte man, als rückfällig (in die Häresie zurückgefallen) angesehen zu werden und sich den schwersten Sanktionen auszusetzen: dem Toten wurde in diesem Fall das Begräbnis verweigert und der Leichnam durch den Straßendreck gezogen und an den Wegesrand geworfen; als Überlebender wurde man ins Gefängnis oder auf die Galeeren geschickt und in beiden Fällen wurden die Güter der Betreffenden konfisziert. Deswegen griff die Umgebung zu einer List; sie verheimlichte die Krankheit, und wenn der Priester auftauchte, war der Kranke gerade nicht greifbar, er schlief oder war abwesend. Dem Pfarrer von Sedan entschlüpfte dieses Eingeständnis seiner Machtlosigkeit: „Weil sie immer von ihren verwandten Glaubensgenossen umgeben sind, bringen letztere sie durch Gebete von den Sterbesakramenten ab, sie drohen und verständigen uns nicht, und wir erfahren dieses Unglück erst, wenn die Personen bereits verstorben sind." […]

In diesem Abnutzungskrieg bestand die Stärke der Neubekehrten darin, überall dort, wo sie einigermaßen zahlreich waren, „strategische Posten" wie den eines Notars, Schulleiters, Arztes oder einer Hebamme einzunehmen. Befanden sie sich in der Mehrheit, so gewannen sie nach der Aufhebung des Edikts von Nantes die städtischen Ämter zurück, die sie während der letzten Jahre der Gültigkeit des Edikts verloren hatten: Da nun alle Welt katholisch war, war die Gesetzgebung, welche die „angeblich Reformierten" von den öffentlichen Ämtern ausschloß, sinnlos geworden, und die Hugenotten kehrten in großer Zahl an die Spitze der Gemeinden zurück […]

Vom doppelten Spiel bis zum offenen Widerstand gab es keine Lücke, eines ergab sich aus dem anderen. Die gleiche Person konnte je nach Zeitpunkt aufeinanderfolgend beide Haltungen einnehmen […] Sicherlich setzte der offene Widerstand Bedingungen voraus, die nicht überall bestanden. Zu den wichtigsten Voraussetzungen gehörte eine ausreichende hugenottische Bevölkerungsdichte, sei es auch nur, um das geheime Einverständnis des Schweigens zu gewährleisten. Man kann außerdem feststellen, daß die ländlichen Gebiete und die unteren Bevölkerungsschichten eine größere Zahl von „Unbelehrbaren" hervorbrachten, zumeist unter den ländlichen Handwerkern und ganz besonders bei den Textilhandwerkern.

(Joutard, Philippe: 1685 – Ende und neue Chance für den französischen Protestantismus; in: Thadden, R./Magdelaine, M. (Hg.): Die Hugenotten 1685–1985, München 1985, S. 19 ff.)

A 13 Kommentar – Der Hof in Versailles

A 14

Didaktische Bemerkungen

Das Schloß von Versailles wurde zum Symbol der absolutistischen Herrschaft Ludwig XIV. und zum Symbol des Absolutismus überhaupt. Da die undurchsichtigen Macht- und Abhängigkeitsverhältnisse in der Wirklichkeit des französischen Absolutismus im Unterricht nicht vermittelt werden können, bietet sich der Bau des Schlosses von Versailles und das Leben am Hof Ludwigs XIV. als konkretes Anschauungsmaterial geradezu an: Der Anspruch des Herrschers, glanzvoller Mittelpunkt seines Staates zu sein – ja, diesen Staat in der eigenen Person zu verkörpern, kann dabei gezeigt werden. „Der höfische Aufwand diente zunächst und vordergründig der Repräsentation der Macht. Der ungeheure, ‚verschwenderische' Pomp, aller prunkvolle Glanz, den das absolutistische Hofleben entfaltete, wurde zum anerkannten Ausdruck der politischen Stellung des betreffenden Herrscherhauses […] In der bloßen Repräsentation der Macht erschöpfte sich freilich die Funktion des höfischen Aufwandes nicht […] Was sich darin äußert, ist das Streben nach Machtprestige" (von Kruedener, Jürgen: Die Rolle des Hofes im Absolutismus, Stuttgart 1973, S. 21 f.).

Die Realitäten des Hoflebens von Versailles, wo sich der ganze Tagesablauf um den König drehte, sind freilich nicht identisch mit dem Erscheinungsbild, in welchem das System dem einfachen Untertan fern vom Hof Ludwigs XIV. in der Provinz begegnete, aber ihre unterrichtliche Erarbeitung macht wesentliche Merkmale des Absolutismus evident:

– Die neue Funktion und Stellung des Adels, der zwar politisch weitgehend entmachtet, aber mit ideellen Auszeichnungen entschädigt worden ist." Die maßlose Entwicklung des höfischen Lebens zur Zeit Ludwigs XIV. und der Kult, den man um die Person des Königs organisierte, entsprachen einer politischen Absicht: Es ging darum, die Gefahren zu neutralisieren, die aus der Existenz eines zum Müßiggang verurteilten, unruhigen Adel erwuchsen. Der Adel wurde immer abhängiger von der königlichen Macht, wenn man ihn mittels eines glanzvollen Lebens am Hofe festhielt, wenn man ihn zwang, dort zu erscheinen, um auch nur den geringsten Vorteil zu erhaschen . [...]"

(Bertier de Sauvigny, Guillaume-André: Die Geschichte der Franzosen, Hamburg 1980, S. 184.)

– die Versuche, den Aufbau der Verwaltung zu vereinheitlichen und zu zentralisieren, indem ein weithin sichtbarer Mittelpunkt geschaffen wurde;
– die Steigerung und sichtbare Darstellung von Macht, indem der Hof neben Beamtenapparat, Steuersystem und Heer als weitere Stütze der absolutistischen Herrschaft diente (vgl. dazu: von Kruedener, Jürgen, a. a. O., der nachgewiesen hat, daß durch „Charismatisierung", „Kultivierung" und „Distanzierung" der Hof eine geradezu suggestive Rolle erhalten hatte und zu einem wirkungsvollen Herrschaftsinstrument gegenüber den Untertanen geworden war);
– die Rationalität, das Streben nach Übersichtlichkeit und Symmetrie der Schloß und Parkanlagen.

Bei der unterrichtlichen Auseinandersetzung mit Versailles sollte man sich jedoch im klaren darüber sein, daß es nicht auf jedes baugeschichtliche Detail und nicht auf einzelne Elemente des höfischen Zeremoniells ankommt, sondern vielmehr auf den Symbolcharakter des Ganzen, auf die politischen Absichten, die sich dahinter verbergen und die Erkenntnis, daß es sich bei den vorgestellten Zeugnissen um bedeutsame Quellen für die Sozialstruktur des absolutistischen Systems handelt: „Die Schloßanlage von Versailles setzt das stehende Heer, den Merkantilismus, ein geordnetes Steuerwesen und einen Staatshaushaltsplan voraus; die Anlage des Schlosses ist Schaubühne für die Selbstdarstellung des modernen Staates in der Person des absolutistischen Herrschers. Im Sinne der Anlage enthüllen sich wichtige Strukturen des Systems".

(Schmid, H. D., in: Das Studienseminar 1968/1, S. 26.)

Sachinformation

Jean Meyer: Versailles
Die Gründe für die Wahl von Versailles waren sehr komplex. Der Wunsch, sich von Paris fernzuhalten, dem der König seit den dunklen Tagen der Fronde mißtraute, war zweifellos der Hauptgrund. Hinzu kam auch der Wille, sich von den Massen der Pariser Bürger zu distanzieren, die allsonntäglich respektlos durch die Tuilerien und den Louvre liefen [...]
Vor allem aber wollte der König einem Ort sein dauerhaftes Gepräge verleihen, den noch keiner seiner Vorgänger baulich gestaltet hatte. Versailles war ganz allein sein Werk.

Er lief auf den Gerüsten herum, diskutierte die Breite der Fenster und verhandelte das kleinste Schmuckdetail. Versailles sollte im Gedächtnis der Menschen verankert werden. Und konnte nicht [...] die Wahl eines verlassenen, sandigen und sumpfigen Ortes, der dem menschlichen Willen die größten Hindernisse entgegenstellte, die Bewunderung nur noch steigern? Ludwig XIV. bewies durch eine solche Bezwingung der Natur, daß er zur Partei der Modernen gehörte [...]
Versailles gab auch Gelegenheit, dem staunenden Europa ein Schaufenster der Produkte des französischen Handwerks und der Industrie zu bieten, das alles überstieg, was man seit der Antike gesehen hatte. Das Vorbild des alten römischen Reichs und Italiens, bei dem Frankreich in die Schule ging, sollten durch eine fortdauernde Schöpfung übertroffen werden, von der das inzwischen zum Denkmal erstarrte Schloß Versailles keine Vorstellung mehr vermittelt [...]
Schließlich war Versailles der Ort, wo der König über nahe Jagdreviere verfügte, in denen er so oft wie möglich seiner Jagdleidenschaft frönen konnte.
Der Palast hätte größere Sicherheit geboten, wenn er weiter von Paris entfernt gewesen wäre [...]; aber die kurze Entfernung erlaubte es dem Adel, in Paris zu übernachten, denn der Palast war überfüllt.

(Meyer, Jean: Frankreich im Zeitalter des Absolutismus 1515–1789. © 1990 Deutsche Verlags-Anstalt GmbH, Stuttgart, S. 336 f.)

Rudolf zur Lippe: Hof und Schloß – Bühne des Absolutismus
Das Zentrum der absolutistischen Hofanlagen gibt durch Fenster nach allen Seiten den Blick frei, ist nach außen gerichtet [...] Die Wahrnehmung wird nach geometrischen Mustern simplifiziert, damit niemandem die Ordnung im Wahrzunehmenden entgehen könnte [...]
Der höfische Raum soll den Mittelpunkt des Reiches, der Nation bilden [...] Geometrisch ist der Mittelpunkt als Nullpunkt eines Koordinatenkreuzes bestimmt. In diesem Kreuz herrscht eine Längsachse als zentralisierendes Prinzip vor [...] Beide Achsen zusammen ergeben ein erstes Grundschema der höfischen Szene: Eine beherrschende Längsachse und eine Querachse von geringerer Bedeutung und Betonung; eine entscheidendere Ausrichtung der Längsachse nach vorn in die Gärten. Die Zukunft liegt offenbar in der Unterwerfung der weniger den geometrischen Ordnungsprinzipien sich widersetzenden Natur. Die absolutistische Szene setzt sich von den historischen Orten ab, um bedingungsloser die abstrakte Ordnung realisieren zu können.

(Hinrichs, Ernst (Hg.): Absolutismus. stw 535. © Suhrkamp Verlag, Frankfurt/M. 1986, S. 144, 151–153.)

Didaktische Bemerkungen

„Um 1660 erblickte die moderne Kriegskunst das Licht der Welt" Das stehende Heer und dessen Unterordnung unter die ausschließliche Gewalt des Monarchen sind für das absolutistische Herrschaftssystem von größter Bedeutung. In allen europäischen Ländern wurden im 17. und 18. Jahrhundert die Heere grundlegend reformiert, wobei in der Regel das französische Beispiel wegweisend war. Es erscheint deshalb zweckmäßig, der Neuordnung des französischen Heeres einen eigenen Schwerpunkt in einer Unterrichtseinheit über den Absolutismus einzuräumen, an welchen sich die Betrachtung der Außenpolitik Ludwigs XIV. folgerichtig anschließt.

Eine besondere Hervorhebung verdienen folgende drei Gesichtspunkte:
1. Die „Royalisierung" des Heerwesens zeigt erneut den Versuch, die vorabsolutistische Zersplitterung der Herrschaft zugunsten einer Zentralisierung der Macht in der Hand des Monarchen aufzugeben. Es wird ohne weiteres klar, daß gerade die Verfügung über das Militär für die Stellung des Königs eine stabilisierende Wirkung hatte und daß das Heer zu einer tragenden Säule des Absolutismus wurde (vgl. Arbeitsblatt 1). Dabei ist die doppelte Aufgabenstellung für das Heer im absolutistischen Staat zu erarbeiten: „Neben militärischen Funktionen hat es in starkem Maße polizeiliche Aufgaben wahrgenommen. So wurde es eingesetzt, um Steuern einzutreiben, provozierende Halsstarrigkeit zu brechen, die autonomen politischen Gewalten des Landes zur Botmäßigkeit zu bringen, Unruhen zu unterdrücken." Zudem ermöglichte die Beschäftigung der Angehörigen des Adels als Offiziere deren Disziplinierung und Unterordnung unter die Monarchie.
2. Die Transparenz und die Rationalität der neuen Heeresverfassung entspricht dem auf Zweckmäßigkeit und Effizienz gerichteten Geist des absolutistischen Zeitalters; die enorme Vergrößerung der Zahl der Soldaten und der kostspielige Ausbau der militärischen Infrastruktur sowie der Bau zahlreicher Festungen zeigen den Anspruch der Machtsteigerung und monumentalen Größe der Herrschaft. Gerade am Beispiel der Neuordnung des Militärs können diese Merkmale des Absolutismus den Schülern der Mittelstufe verdeutlicht werden.
3. Die tiefen Eingriffe in das Heerwesen bildeten die unabdingbare Voraussetzung für die zum Teil aggressive Außenpolitik Ludwigs XIV. und seine Forderung, Frankreich und seinen Monarchen als die unbestrittene Vormacht in Europa anzuerkennen. Ohne die Neuordnung des Militärs hätte Frankreich die langen Kriegszeiten nicht durchstehen können, sie beeinflußte darüber hinaus die französischen Kriegsziele und die französische Kriegsführung; gleichzeitig brachten die Kosten für das Heer und die zahlreichen Kriege Frankreich schließlich an den Rand des Staatsbankrotts und überforderten die materiellen und moralischen Kräfte der Bevölkerung des Landes.

Die expansive Außenpolitik ist für den französischen Absolutismus konstitutiv. Für die unterrichtliche Charakterisierung der Herrschaft Ludwigs XIV. sind dabei folgende Gesichtspunkte von besonderer Bedeutung:
1. Die Kriege Frankreichs zur Zeit Ludwigs XIV. sind auch aus wirtschaftlichen Motiven geführt worden.
2. Die meisten dieser Kriege sind das Ergebnis eines hemmungslosen Anspruchs auf Vormachtstellung, Ruhm und politische Macht. „Bei den maßgebenden Historikern diesseits und jenseits des Rheines besteht [...] nahezu völlige Einmütigkeit über den aggressiven, gewalttätigen Charakter der Außenpolitik Ludwigs XIV. bis in die neunziger Jahre [...] Über seine Überbewertung von Prestigefragen und seine Überschätzung der eigenen Macht".
3. Im Gegensatz zu Frankreich ist die Politik Englands darauf ausgerichtet, das europäische Gleichgewicht herzustellen und zu stabilisieren.

Am Beispiel des Vorgehens der Großmächte Rußland, Österreich und Preußen gegenüber dem ohnmächtigen polnischen Staat sollen die Methoden absolutistischer Außenpolitik deutlich werden, die sich über nationale Anliegen hinwegsetzten und nur machtpolitische und dynastische Ansprüche befriedigten. Das Arbeitsblatt 18 gliedert sich in zwei Teile:
1. An zwei repräsentativen Beispielen werden die Prinzipien der Außenpolitik erarbeitet: Ludwigs XIV. Erinnerungen an das Vorgehen während des spanischen Erbfolgestreites und Bemerkungen Friedrichs II. zur Eroberung Schlesiens. Die Schüler sollen daran erkennen, daß Verträge für die absolutistische Außenpolitik nur Mittel zum Zweck waren, machtpolitische Vorhaben zu decken, und, wenn sie diesen Zweck nicht erfüllten, gebrochen wurden. Die ethischen Grundsätze einer verläßlichen Außenpolitik, daß geschlossene Verträge eingehalten werden müssen („pacta sunt servanda"), galten für die Politik im Absolutismus nicht. Hier können Ähnlichkeiten und Unterschiede zu heutigen Methoden und der heutigen Lage thematisiert werden.
2. Die Materialien zu den sogen. „Polnischen Teilungen" machen die Schüler vertraut mit der Situation in Polen im 18. Jahrhundert. Auf dieser Grundlage können das Vorgehen der Großmächte und die Reaktion darauf in Polen erarbeitet werden. Die Ereignisse selber werden anschaulich an Kartenskizzen deutlich gemacht. In der abschließenden Beurteilungsphase sollen die Schüler erkennen, daß die offiziellen Begründungen für das Vorgehen durch Friedrich II. und Katharina II. sich von den tatsächlichen Gründen unterscheiden.

Sachinformationen

Johannes Kunisch: Die Heeresverfassung im Absolutismus

Es bedeutet einen großen Fortschritt in der Ausbildung des frühmodernen Staates, daß es dem absoluten Fürsten gelungen war, ein stehendes Heer auf der Grundlage einer

zentralen, straff organisierten Finanzverwaltung aufzustellen. Es hatte zunächst gegolten, die Verfügungsgewalt über das Militär den selbständigen Kriegsunternehmern zu entwinden, die im Auftrag der kriegführenden Mächte Truppen angeworben hatten und für deren Sold aufgekommen waren. In dem Streben nach Durchdringung aller staatlichen Herrschaftsbereiche ging man nun daran, auch das Heerwesen dem Zugriff der monarchischen Zentralgewalt zu unterwerfen. Denn es hatte sich aus einer neu verstandenen Staatsräson die Überzeugung durchgesetzt, daß die Aufrichtung und Konsolidierung der absoluten Herrschaft nach innen und außen eine uneingeschränkte und jederzeit verfügbare Streitmacht erfordere [...]
(Es gelang), den Adel des Landes zum Offiziersdienst heranzuziehen und ihn auf diese Weise unmittelbar in den hierarchisch verfaßten Apparat fürstlicher Herrschaftsausübung zu inkorporieren. Entwickelte sich zwischen Adel und Souverän auf der Grundlage dieses privilegierten, mit einem strengen Ehrenkodex ausgestatteten Staatsdienstes bald ein enges Vertrauensverhältnis, so standen die Mannschaften der absolutistischen Armee dem Staate ohne Beziehung gegenüber. Sie wurden zu den Waffen gepreßt, oder aus den untersten Bevölkerungsschichten rekrutiert [...]
Mit der spezifischen Zusammensetzung dieser Truppen ergab sich noch ein weiteres Hemmnis. Mehr noch als durch Kampfverluste war der Mannschaftsbestand durch Fahnenflucht bedroht. Es erwies sich deshalb als notwendig, außerordentliche, weit in das Feld strategischer und taktischer Überlegungen hineinreichende Vorkehrungen zu treffen, um die Desertion wenigstens in Grenzen zu halten. So durften Feldlager lediglich in offenem Gelände aufgeschlagen und Märsche nur in übersichtlichen taktischen Verbänden vorgenommen werden, damit durch strikte Absonderung von den Schauplätzen des bürgerlichen Lebens und durch die Geschlossenheit der Formationen eine ständige und umfassende Beaufsichtigung gewährleistet war.

(Kunisch, Johannes: Der kleine Krieg. Studien zum Heerwesen des Absolutismus, S. 1 f. © Franz Steiner Verlag, Stuttgart vormals Wiesbaden)

Ulrich Muhlack: Voraussetzungen der Heeresreform

Die Heeresreform [...] hat den Zustand einer schon zur Alleinherrschaft erhobenen Königsmacht zur unerläßlichen Voraussetzung.

Sie setzt zunächst voraus, daß die Krone dauerhaft in der Lage ist, das unter ihrer Verfügungsgewalt eingerichtete stehende Heer zu finanzieren.

Sie setzt damit voraus, daß die Krone die Steuerkraft des Landes in einem größtmöglichen Maße ausschöpft.

Sie setzt damit weiterhin voraus, daß die Krone die für eine größtmögliche Ausschöpfung der Steuerkraft günstigen ökonomischen Bedingungen schafft.

Sie setzt damit ebenso voraus, daß die Krone einen Beamtenapparat besitzt, der diese doppelte Aufgabe erfüllen kann.

Sie setzt ganz allgemein voraus, daß die Krone Frankreich politisch beherrscht.

Sie setzt damit zuletzt voraus, daß die Krone ihre inneren und äußeren Gegner jedenfalls einstweilen niedergeworfen hat.
Es ist kaum leugbar, daß alle diese Prämissen nach 1661 tatsächlich bestehen oder sich allmählich einstellen [...] Andererseits trifft unzweifelhaft auch die Umkehrung zu: daß die Heeresreform nach 1661 die Konsolidierung der Königsmacht befördert [...]
Von allen Einrichtungen der Monarchie verkörpert die Armee am meisten innere Geschlossenheit und kann damit am ehesten der Einheit des ganzen Staates Vorschub leisten. Die absolute Verfügungsgewalt der Krone über die Armee [...] trägt an vorderster Stelle dazu bei, die Verfügungsgewalt der Krone überhaupt absolut zu machen, beschleunigt allenthalben ein Streben nach Zentralisierung, Uniformierung, Nivellierung.

(Muhlack, Ulrich: Absoluter Fürstenstaat und Heeresorganisation in Frankreich im Zeitalter Ludwigs XIV. in: Kunisch, Johannes (Hg.): Staatsverfassung und Heeresverfassung in der europäischen Geschichte der frühen Neuzeit, Berlin 1986, S. 263 f.)

Ilja Mieck: Das Ende des Spanischen Erbfolgekrieges und seine Folgen

Der erste Weltkrieg der Neuzeit wurde auf vielen Kriegsschauplätzen ausgetragen: in Spanien, in Norditalien, in Süddeutschland, in den Niederlanden, auf der Nordsee und in den nordamerikanischen Kolonien.
[...]
Kriegsentscheidend wurden zwei Ereignisse:
Die in England regierenden Whigs, von der aus Rüstungsindustrie und Anleihegeschäfte hohe Gewinne ziehenden City bisher unterstützt, verloren die Unterhauswahlen 1710. Die sich meist aus der Landaristokratie rekrutierenden, friedensbereiten Tories kamen ans Ruder.
Wenige Monate später starb unerwartet Kaiser Joseph, sein Nachfolger Karl VI. war der spanische Gegenkönig. Die drohende Wiederherstellung eines habsburgischen Weltreiches im Stil Karls V. entsprach den englischen Kriegszielen ebensowenig wie eine bourbonische Hegemoniestellung, so daß England aus dem Krieg ausschied und Friedensverhandlungen eröffnete. Kaiser und Reich, diplomatisch isoliert und militärisch geschwächt, mußten nach einem unglücklichen Feldzug nachgeben und die inzwischen ausgehandelte Neuordnung Europas anerkennen.
Der Friedenskongreß zu Utrecht (1713) beließ Spanien mit allen Kolonien dem Enkel Ludwigs XIV., dem Bourbonen Philipp V., verbot aber jede Personal- oder Realunion mit Frankreich. Der alte Plan der Teilung des spanischen Erbes wurde im Interesse des Gleichgewichts realisiert:
Die spanischen Niederlande, Mailand, Sardinien und das Königreich Neapel bekam Österreich, Sizilien fiel an Savoyen. Holland durfte in sieben Grenzfestungen der nunmehr österreichischen Niederlande zum Schutz gegen französische Angriffe Garnisonen stationieren. England behielt das 1704 eroberte Gibraltar sowie zur Kontrolle des westlichen Mittelmeerbeckens Menorca; aus französischem Kolonialbesitz bekam es Neufundland, Neuschottland und die Hudsonbay-Länder.

A 18

Auf das Kriegsziel der Whigs, die Entmachtung Frankreichs, kam man nicht zurück, nur die Befestigungen Dünkirchens mußten geschleift werden.

Gerade wegen dieser Abstriche an den ursprünglich hochgespannten Zielen ist der Friede von Utrecht die erste klassische Demonstration des europäischen Gleichgewichts, mit dem sich eine im Spiel der diplomatisch-politischen Kräfte elastisch gehandhabte indirekte Hegemonie Englands verband. Das spanische Reich, der universale Anspruch der Habsburger und die Vorherrschaft Frankreichs waren gleichzeitig zertrümmert, doch blieb auf dem Kontinent dank der ausgewogenen Machtverhältnisse ein innerer Spannungszustand erhalten.

Für den Aufbau der maritimen Weltstellung Englands wurde entscheidend, daß zwischen dem Gleichgewicht in Europa und dem überseeischen Kampf um die Weltherrschaft eine funktionale Verbindung bestand. Der Frieden von Utrecht bedeutete den ersten Schritt auf dem Wege zur erdumspannenden Pax Britannica.

(Mieck Ilja: Europäische Geschichte der Frühen Neuzeit, © Kohlhammer Verlag, Stuttgart 1981, S. 278 f.)

Eberhard Weis: Polen und die polnischen Teilungen

Die erste polnische Teilung von 1772 hatte der großen polnischen Republik mit monarchischer Spitze bereits achtundzwanzig Prozent ihres Territoriums und mit rund viereinhalb Millionen Einwohnern mehr als ein Drittel ihrer Bevölkerung gekostet. Preußen schnitt durch den Erwerb Westpreußens mit der unteren Weichsel Polen seine wichtigste Handelsverbindung nach dem Ausland ab. Es kontrollierte über vier Fünftel des polnischen Außenhandels und zog aus den Zöllen, mit denen es den polnischen Warenverkehr auf der Weichsel belastete, mehr Einkünfte, als die Einnahmen des polnischen Reststaates betrugen. Trotzdem war das, was von Polen übrigblieb, mit etwa fünfhundertsiebenundzwanzigtausend Quadratkilometern noch so groß wie Frankreich oder Großbritannien. Seit 1775 leitete der polnische Reichstag erstaunliche Reformen ein, ohne daß bis zum Ende Polens noch ein einziges Mal von dem früher so unheilvollen Liberum veto [...] Gebrauch gemacht worden wäre. Die Regierung lag eigentlich bei einer Parlamentskommission. Diese erhöhte die Staatseinnahmen beträchtlich, reformierte die Armee nach preußischem Vorbild und verfügte gewisse Erleichterungen für die Bauern, die immerhin bewirkten, daß zwischen 1773 und 1788 dreihunderttausend russische Bauern nach Polen auswichen. Die Toleranz wurde eingeführt. Diese und andere die Verwaltung und die Organisation des Parlaments betreffende Reformen setzten eine Erneuerung des polnischen Staates in Gang. [...] Während Rußland mit den Kriegen gegen die Türken und gegen die Schweden beschäftigt war, führte der sogenannte große Sejm, der große Reichstag von 1788 bis 1792, teilweise schon beeinflußt durch die Französische Revolution, ein bewunderungswürdiges Reformwerk durch. Es baute auf den Neuerungen der siebziger Jahre auf. [...] Das bedeutendste Werk dieser Zeit war die unter starker persönlicher Anteilnahme des Königs Stanislaus II. August Poniatowski ausgearbeitete polnische Verfassung vom 3. Mai 1791.

[...] Die Verfassung setzte an die Stelle der Wahlmonarchie ein erbliches Königtum, sie beseitigte das Liberum veto [...] Die Verfassung führte die Gewaltenteilung ein und förderte die Selbstverwaltung der Städte und Märkte. Die Bauern der adligen Gutsherren erhielten den gleichen Rechtsschutz, den bereits die des Königs und der geistlichen Gutsherren genossen. Die Struktur der Gesellschaft allerdings wurde nur geringfügig hinsichtlich der Führungsschicht, nicht aber hinsichtlich der Bürger und Bauern geändert. Das Bürgertum war in Polen ohnehin außerordentlich schwach. Es besaß jetzt Vertreter im Parlament, gewann jedoch nur wenig an Einfluß. Die Leibeigenschaft der Bauern und der Sonderstatus der Juden blieben. Dennoch glaubten die Polen, einen Hauch von Freiheit zu spüren, was Rußland 1792 sogleich auf den Plan rief. [...]

Preußen traf alsbald Absprachen mit Rußland. Katharina II. ließ im Mai 1791 ihre Armeen in Polen einrücken. Stanislaus II. Poniatowski und seine Feldherren Józef Poniatowski und Tadeusz Kosciuszko mußten nach hartem Kampf vor den russischen Armeen kapitulieren. Die neue Verfassung wurde aufgehoben. Auf dem sogenannten Stummen Reichstag von Grodno 1793 wurde die Einwilligung der Polen zu den gewaltigen Länderabtretungen der zweiten polnischen Teilung von 1793 an Rußland und Preußen erzwungen. Rußland unterwarf Polen außerdem einem Unionsvertrag, der ihm jederzeit freien Einmarsch in diesen Staat, die Leitung aller künftigen Kriege Polens und das Bestätigungsrecht für dessen künftige Verträge mit fremden Staaten vorbehielt. Polen verblieb nur ein Drittel seines ursprünglichen Staatsgebietes. Österreich war diesmal an der Teilung nicht beteiligt. Die Unterdrückung der äußeren und inneren Freiheit des polnischen Volkes führte 1794 unter Führung Kosciuszkos zum nationalen Aufstand der Polen. [...] Gegen doppelte russische Übermacht gelang es ihm und seinen Führungskämpfern, zunächst einen großen Teil Polens, von Krakau über Warschau bis nach Litauen, von den Russen zu befreien, obwohl die polnischen Freiwilligen, die vielfach Bauern waren, teilweise mit Lanzen gegen die mit Gewehren und Kanonen bewaffneten Russen kämpfen mußten. Die Wende kam dadurch, daß preußische Truppen von Westen nach Polen einmarschierten und sich mit den Russen vereinigten. [...] Die drei Ostmächte nahmen die dritte, die vollständige Teilung Polens von 1795 vor: Rußland erhielt in allen drei Teilungen zusammen sechs Millionen Polen, Österreich vier Millionen und Preußen zweieinhalb Millionen. Die Hauptstadt Warschau fiel an Preußen, die alte Krönungsstadt Krakau an Österreich. Der polnische Staat, seiner Ausdehnung nach bis 1772 eine Großmacht, war, wenn man von dem Zwischenspiel des napoleonischen Großherzogtums Warschau absieht, bis 1918 von der Landkarte verschwunden. Die staatenlose polnische Nation stellte jedoch weiterhin einen politischen und kulturellen Faktor in Europa dar.

(Weis, Eberhard: Der Durchbruch des Bürgertums 1776–1847, Propyläen-Geschichte Europas, Band 4, Frankfurt/M./Berlin/Wien 1982, S. 209 ff.)

Didaktische Bemerkungen

„Über ‚Deutschland' im 18. Jahrhundert sprechen, heißt eine Vielzahl von staatlichen Gebilden in den Blick fassen, die sich nicht nur in ihrer räumlichen Ausdehnung und staatsrechtlichen Gestalt, sondern […] auch in dem konkreten Macht- und Kompetenzverhältnis zwischen ständisch-regionalen Institutionen und landesherrlicher Gewalt stark unterscheiden."

(Vierhaus, Rudolf: Deutschland im 18. Jahrhundert, Göttingen 1987, S. 35).

In Deutschland hat der Absolutismus während der Territorialisierung, welche durch die Reformation und die Konfessionalisierung beschleunigt wurde, mannigfaltige spezifische Formen entwickelt, welche sich vom Absolutismus in Frankreich und in anderen europäischen Ländern deutlich unterscheiden; zwei Aspekte sind vorrangig zu nennen:

– die extreme Kleinstaaterei auf deutschem Boden und das damit verbundene übersteigerte Prestigebedürfnis der deutschen Fürsten;
– die Ausbildung des aufgeklärten Absolutismus als Sonderform, welche insbesondere im Preußen Friedrichs II. und im Österreich Josephs II. als „Reformabsolutismus" beispielhaft wurde.

Die Weiterentwicklung des Absolutismus französischer Prägung zum aufgeklärten Absolutismus darf nicht darüber hinwegtäuschen, daß die Methoden der Politik sich dabei allenfalls graduell gewandelt haben; der fürstliche Anspruch auf höchste Souveränität wurde nicht aufgegeben. Die Theorien der Aufklärung fanden in der Regierungspraxis einen weitaus geringeren Niederschlag, als man früher vielfach angenommen hatte. Auch im aufgeklärten Absolutismus blieb das Volk in politischer Unmündigkeit. Die Eingriffe des Staates in die Wirtschaft unterschieden sich in Preußen nicht vom Merkantilismus in Frankreich. Die ständige Vermehrung des Heeres und die Ausrichtung von Wirtschaft und Fiskus auf die Belange des Militärs zeigen hier wie dort dasselbe Bild. Der Unterschied zwischen dem höfischen und dem aufgeklärten Absolutismus liegt eher im Versuch, eine neue Legitimation zu schaffen, indem der Dienst am Staat und die Notwendigkeit der Monarchie rational begründet wurden; es blieb jedoch auch jetzt beim Appell an das Pflichtgefühl des Fürsten. Die Staatsform bewahrte im großen und ganzen ihren Charakter; die Aufklärung stand dazu eher in einem Spannungsverhältnis und brachte keinen grundsätzlich anderen Absolutismus hervor. Da im Unterricht das französische Modell im Vordergrund steht, wird man die Gemeinsamkeiten zwischen dem höfischen und dem aufgeklärten Absolutismus eher vernachlässigen und statt dessen die Besonderheiten der deutschen Entwicklung herausarbeiten. An der kleinstaatlichen Ausprägung absolutistischer Formen in Deutschland kann deutlich gemacht werden, wie ein historisches Phänomen, das in Staaten wie Frankreich und Preußen seine Berechtigung hatte, ohne wirkliche Funktion als weitgehend äußere Erscheinung übernommen wird und wie eine solche Übernahme ohne ausreichende wirtschaftliche und machtpolitische Grundlagen für die Bevölkerung nur negative Folgen haben konnte. Dabei wird die Vernachlässigung positiver absolutistischer Erscheinungsformen in einigen deutschen Mittel- und Kleinstaaten in Kauf genommen, namentlich die nach den Zerstörungen durch den 30jährigen Krieg und durch die Reunionskriege (im deutschen Südwesten) geleistete Wiederaufbauarbeit mit Hilfe absolutistischer Maßnahmen (Peuplierungen, Einrichtung von staatlichen Manufakturen, Modernisierung der Landwirtschaft, Herausbildung eines merkantilistisch geschulten Beamtentums, Gründung von Universitäten, u. a. m.):

Die Beschränkung des Themas auf zwei Gesichtspunkte bietet sich an:
1. auf die Diskrepanz, die zwischen fürstlicher Prachtentfaltung und wirtschaftlicher Potenz der Staaten bestand, und
2. auf die bedenkliche Art, in der die notwendigen Mittel für die Aufwendungen der Höfe beschafft wurden, die eine völlige Mißachtung der Menschenwürde erkennen lassen.

Dabei soll der Altersstufe der Schüler entsprechend von der konkreten Anschauung ausgegangen werden: der Vergleich von Residenzen und ihren verschwenderischen Prachtbauten mit der geringen Größe der Territorien und den minimalen Staatseinnahmen reicht aus, die Problematik der Finanzierung der fürstlichen Hofhaltung zu erfassen.
Bei den Geldbeschaffungsmaßnahmen vieler deutscher Fürsten beschränken wir uns auf das Phänomen des „Soldatenhandels". Hier wird die skrupellose Behandlung der „Landeskinder" durch die Fürsten besonders deutlich vor Augen geführt.

Sachinformation

Heinz Duchhard: Aufklärung und Absolutismus in Deutschland

In Deutschland gewann die Aufklärung […] ihren ganz spezifischen Charakter durch ihr Bündnis mit dem Absolutismus. Die Träger der deutschen Aufklärung waren […] überwiegend dem Territorialstaat eng verbunden und konnten sich eine Durchführung der von ihnen ins Auge gefaßten Reformen meist nur mit obrigkeitlicher Hilfe vorstellen. Sie artikulierten niemals mit der gleichen Stringenz und Unerbittlichkeit eine Fundamentalkritik an Gesellschaftsordnung, staatlicher Verkrustung und Kirche wie die französische Aufklärung: Staat und ständische Gesellschaft sollten nicht etwa über den Haufen geworfen, sondern durch Aufklärung und Reformen effizienter gemacht, modernisiert werden […]
Am Beginn von Reformen stand überall der Fürst, der willens und in der Lage war und über die nötige Autorität verfügte, Veränderungs- und Innovationsvorschläge nicht nur aufzugreifen, sondern auch durchzusetzen. Da diese Autorität Ludwig XVI. fehlt, kam es in Frankreich – andere Gründe traten hinzu – trotz aller Intensität der lite-

rarischen Diskussion nicht mehr zu einem wirklichen aufgeklärten Absolutismus [...] Die bloße Berufung auf das Gottesgnadentum als Legitimation der Herrschaft wurde zunehmend obsolet, der Fürst begründete seinen Anspruch auf die Staatsführung mehr und mehr rational, durch seine besondere Einsicht, wie die Vernunft dem Staat nutzbar gemacht werden könne [...]

Die neue Haltung („ich bin der erste Diener meines Staates") setzte ein fundamental verändertes, am Staatswohl und nur an ihm orientiertes Selbstverständnis des Herrschers voraus, der zur Begründung seiner Herrschaft nicht mehr auf das Gottesgnadentum rekurrierte [...] Die Vorzugsstellung des Fürsten gegenüber den Mitbürgern leitete er nur noch aus seiner eigenen Tüchtigkeit ab [...]

Der aufgeklärte Absolutismus [...] trug freilich selbst noch kaum zur Ausbildung individueller Freiheit bei; sein Grundgedanke, die Beförderung des Gemeinwohls [...] schuf keineswegs mehr obrigkeitsfreie Räume, sondern verstärkte im Gegenteil den Zugriff des Staates auf die Untertanenschaft im Sinne einer allgegenwärtigen und alles regelnden Aufsicht noch einmal in eigentümlicher Weise.

(Duchhard, Heinz: Das Zeitalter des Absolutismus, München 1989, S. 125–132. © R. Oldenbourg Verlag, München 1989.)

Ernst Hinrichs: Reformimpulse des Aufgeklärten Absolutismus

Mit der ein wenig paradox klingenden Bezeichnung „aufgeklärter Absolutismus" belegt man jene Spätphase des fürstlichen Absolutismus, in der er – nolens volens – bereit war, seine Regierungspraxis aus dem engen Rahmen einer dynastischen Politik herauszuführen, die sie bis dahin gekennzeichnet hatte, und die fürstliche Herrschaft mehr sein zu lassen als bloße Sorge für das Wohl des eigenen Hauses und die Sicherung und Erweiterung des eigenen Territoriums.

Verwaltung erhielt jetzt einen neuen, über die Belange des Fürsten hinausweisenden Sinn und eine neue, die sozialen, rechtlichen, wirtschaftlichen Zustände der verwalteten Länder stärker berücksichtigende Dimension.

,Reformen' traten als Aufgabe des Verwaltungshandelns in den Blickpunkt der fürstlichen Bürokratien, und diese nahmen den Gedanken der Reform so ernst, daß daraus für die Praxis eine ganze Reihe von beachtlichen Reformimpulsen entstand.

(Hinrichs, Ernst: Gesichter des Absolutismus. © Suhrkamp Verlag, Frankfurt/M. 1986.)

Hans J. Schütz: Menschen als Ware

Die grenzenlose Mißachtung menschlicher Würde, wie sie die Rekrutierungsmaßnahmen bezeugen, wird im Soldatenhandel, dem Verkauf von Landeskindern als Soldaten ins Ausland, ins Unmenschliche gesteigert. Vor allem nach dem Ausbruch des Unabhängigkeitskrieges 1776 in Amerika, als die deutschen Fürsten König George III. im Kampf gegen die abtrünnigen Kolonisten unterstützten und dabei Riesensummen scheffelten, wurde auf schamlose Weise Menschenhandel getrieben.

[...] Mit Versprechungen oder Gewalt wurden kräftige Landeskinder zu Soldaten gepreßt und als britische Söldner nach Amerika verschifft, wo tausende im Kampf gegen die aufständischen Kolonisten ihr Leben ließen. König George wußte wohl, warum er seine eigenen Landeskinder „schonte" – sie hätten leicht zu ihren Landsleuten überlaufen können. Auch der Krieg der Holländer gegen die Eingeborenen ihrer Kolonie am Kap wurde mit deutschen Soldaten geführt.

Der Landesherr erhielt für jeden Soldaten ein Werbegeld von 150 Mark, für einen gefallenen oder drei verwundete Soldaten nochmals das Werbegeld, mußte aber einen Ersatzmann stellen. Außerdem vereinbarten die meisten Fürsten eine sogenannte Subsidie, die nicht nur während des Krieges, sondern auch noch zwei Jahre danach in doppelter Höhe gezahlt werden mußte, weil die Löhnung in fremdem Geld aufhörte.

(Schütz, Hans J.: Vernunft ist immer republikanisch. Texte zur demokratischen Tradition in Deutschland 1747–1807, Modautal-Neukirchen 1977, S. 160 ff. © Hans. J. Schütz, Bremen.)

Didaktische Bemerkungen

Die Bedeutung der Aufklärung in Wissenschaft, Philosophie und Literatur für Politik, Wirtschaft und Gesellschaft im Zeitalter des Absolutismus ist unumstritten. Eine unterrichtliche Beschäftigung mit diesem Themenkomplex auch in der Sekundarstufe I erscheint unerläßlich.

Dabei bestimmt das Interesse der Schülerinnen und Schüler an Naturwissenschaft und Technik, an persönlichen Schicksalen und an kritischen Texten die Auswahl der Unterrichtsgegenstände mit.

Folgende inhaltliche Aspekte werden in den Mittelpunkt gestellt:

1. Die absolutistischen Herrscher förderten Naturwissenschaften und -wissenschaftler wegen der Anwendbarkeit ihrer Forschungsergebnisse auf militärischem und auf wirtschaftlichem Gebiet. Zudem erhöhten die Gründungen von Akademien und die Berufung bekannter Gelehrter das fürstliche Prestige.

Im 17. und im 18. Jahrhundert werden die wissenschaftlichen Grundlagen gelegt für die nächsten zweihundert Jahre (Mathematik, Physik, Chemie). Mit der wissenschaftlichen Aufklärung beginnt die Zeit der Experimentalwissenschaft, die sich in der Nachfolge der Renaissance (Galilei) ablöst von der autoritätsbezogenen „Wissenschaft" der vorangegangenen Zeit. Damit ist die Verbindung hergestellt zur Philosophie der Aufklärung: Der Rationalismus ersetzt die Gläubigkeit. Schließlich ist der gesellschaftliche Gesichtspunkt von Bedeutung. Die Wissenschaftler der Aufklärung stammen fast ausschließlich aus dem Bürgertum. Neben dem wirtschaftlichen Bereich (bürgerliche Unternehmer) und dem philosophischen (bürgerliche Gelehrte) haben die Naturwissenschaftler den Weg freigemacht für das Zeitalter des Bürgertums in Politik und Wirtschaft.

Das Arbeitsblatt 22 thematisiert dementsprechend:
- die Grundprinzipien des aufklärerischen Denkens;
- an den Beispielen von Leibniz und Linné die übernationale Verflechtung der Wissenschaften in einer Zeit zahlreicher Konflikte und Kriege zwischen den absolutistischen Staaten;
- die Bedeutung der naturwissenschaftlichen Erkenntnisse und der technischen Erfindungen des 17. und 18. Jahrhunderts.

2. Aus der Vielfalt der Literatur der Aufklärungszeit werden der Bereich der kritischen Literatur gegen den Absolutismus und einige ihrer Vertreter herausgegriffen. Die Fürsten nehmen eine unterschiedliche Haltung gegenüber der oppositionellen Literatur ein. Während sich der französische Monarch („Einen Voltaire verhaftet man nicht.") und der preußische König Friedrich II. Toleranz oder Ignoranz gegenüber oppositionellen Schriftstellern erlauben konnten, haben die deutschen Duodezfürsten in den kritischen Texten durchaus Gefahren für ihre herrschende Stellung gesehen und in den meisten Fällen hart gegenüber ihren schreibenden Untertanen reagiert.

- An den Beispielen von Lessing, Schubart und Schiller werden stellvertretend die Schicksale kritischer Schriftsteller gezeigt. Hinzuarbeiten ist auf das Ergebnis, daß das Leben der drei Dichter wesentlich durch Eingriffe von regierenden Fürsten beeinflußt und bestimmt wurde, weil sie ihr kritisches Denken und ihre schriftstellerische Arbeit nicht anpassen wollten. Sie beharrten auf der „Freiheit der Gedanken".
- Das Arbeitsblatt 24 macht mit einigen antiabsolutistischen Texten bekannt, zeigt die Angriffspunkte der Verfasser und regt dazu an, die dort geäußerten Kritiken auf dem Hintergrund der in der Unterrichtseinheit erworbenen Kenntnisse zu beurteilen.

Sachinformationen

Rudolf Vierhaus: Wesen und Wirkung der Aufklärung
Nach Absicht und Wirkung ist die Aufklärung mehr und anderes gewesen als eine Richtung oder Schule der Philosophie, nämlich eine umfassende Denkweise mit praktischen Zielen. Über die rationale und widerspruchsfreie Erklärung der Welt hinaus drängte sie zur Anwendung vernünftigen Denkens in allen Bereichen des sozialen und kulturellen Lebens. Damit wurde die Kritik der bestehenden Verhältnisse und ihre Reform zum Zweck der Aufklärung.
Daß dieser auf dem Weg nicht des Umsturzes, sondern nur der Verbesserung durch den Gebrauch der Vernunft erreicht werde, war selbstverständliche Überzeugung aller Aufklärer. Insofern besaß die Aufklärung eine konservative Komponente, sie schloß Revolutionen als irrationales, von Leidenschaft beherrschtes Handeln aus und vertraute auf das vernünftige Tun von Menschen, die zunehmend über ihre Bestimmung aufgeklärt sind und sich ihres Verstandes zu bedienen gelernt haben […]
Aufklärung […] (bedeutet) den aus vielen Einzelbewegungen sich zusammensetzenden Prozeß der intellektuellen und emotionalen Ablösung der Menschen von Traditionen, Institutionen und Konventionen, die der kritischen Überprüfung durch die Vernunft nicht standhalten, deshalb ihre Autorität verlieren und allmählich verschwinden müssen. Endzweck dieses Prozesses ist die „Glückseligkeit" der Menschen in einer Gesellschaft, einem Staat, der ausschließlich dem Gemeinwohl dient. Dazu bedarf es der vernünftigen Praxis in der Politik wie im Privatleben.

(Vierhaus, Rudolf: Staaten und Stände, Frankfurt/M. 1990, S. 179.)

Information (zu A 22)

Isaac Newton (1643–1727)

Newton legte das Fundament der klassischen Mechanik, das erst zu Beginn des 20. Jahrhunderts durch Einsteins Relativitätstheorie erschüttert wurde.
Auf dem Gebiet der Optik entdeckte er, daß das weiße Licht aus Strahlen verschiedener Brennweiten zusammengesetzt ist. Er zerlegte das weiße Licht in seine Spektralfarben; eine bis heute gültige Vorstellung. Beim Herstellen von Linsen für ein Fernrohr entdeckte er, daß die regenbogenfarbigen Ringe, die sich beim Aufeinanderlegen zweier Linsen zeigen, in Beziehung stehen mit der Dicke der Luftschicht zwischen den beiden Linsen. Diese sogen. „Newtonschen Ringe" werden oft bei Diaprojektionen sichtbar.
Als Mathematiker entwickelte er die Infinitesimalrechnung und die Differentialrechnung.
Sein Hauptverdienst liegt auf dem Gebiet der Physik: Neben den Fallgesetzen und den Bewegungsgesetzen der Körper entwickelte er das Prinzip der allgemeinen Gravitation: die Anziehungskraft zweier Körper verhält sich im Verhältnis ihrer Massen und im umgekehrten Verhältnis des Quadrates ihres Abstandes. Aus dieser Erkenntnis folgt die Erklärung für die Planetenbewegungen und die genauen Berechnungen ihrer Bahnen.
Newton unterschied als erster die Begriffe ‚Masse' und ‚Gewicht'. Derselbe Stein muß am Nordpol schwerer sein als am Äquator; das Gewicht verringert sich durch die Fliehkraft, die Masse bleibt dieselbe.

A 24

Gottfried Wilhelm Leibniz (1646–1716)

Er arbeitete als Mathematiker, Physiker, Techniker, Jurist, Diplomat und Geschichtsschreiber.

Auf dem Gebiet der Mathematik entwickelte er – etwa gleichzeitig mit Newton – die Infinitesimalrechnung, die Differential- und Integralrechnung, aufgrund derer die Berechnung von Bewegungen mit veränderlicher Geschwindigkeit vorgenommen werden konnte.

Er entwickelte die erste Rechenmaschine für alle vier Grundrechenarten. Deren Aufbauprinzipien wurden bis in unsere Zeit für mechanische Rechenmaschinen übernommen. Leibniz' Rechenmaschine besaß ein vom Einstellwerk getrenntes Schaltwerk mit Staffelwalzen, einen beweglichen Schlitten, Umdrehungszählwerke für Multiplikation und Division und einen zentralen Antrieb der Maschine durch eine Handkurbel.

Leibniz erdachte bereits ein duales Zahlensystem (mit nur zwei Ziffern, z. B. 0 und 1) und wollte diese binäre Darstellung von Zahlzeichen für eine Rechenmaschine nutzen. Dieses System ist heute das Funktionsprinzip der elektronischen Datenverarbeitung.

Als Physiker entdeckte er das Prinzip von der Erhaltung der mechanischen Energie.

Carl von Linné (1707–1778)

Zeitgenossen sagten von ihm: „Gott hat die Welt geschaffen, aber Linné hat sie geordnet."

Damit ist sein Hauptwerk umschrieben: Linné nahm eine Klassifizierung der Pflanzen vor, schuf damit die Grundlagen der botanischen Fachsprache und die allgemeingültigen Prinzipien für die Ordnung der Pflanzen- und Tierwelt.

Er schrieb: „Der Name einer Pflanze soll doppelt sein: ein Gattungsname, gleich dem menschlichen Familienname, und ein Artname, gleich dem Vornamen." So gab er den Pflanzen die bis heute üblichen binären Bezeichnungen (z. B. Hundsveilchen = viola canina). Damit machte er die vor ihm umständlichen Beschreibungen zur genauen Charakteristik von Pflanzen und Tieren überflüssig. Die konsequente binäre Kombination, die Linné vornahm (er bestimmte etwa 5000 Arten), durfte nur einmal vorkommen. Seine Erkenntnis von der Veränderung der Arten, auch in der Tierwelt, in die er den Menschen einordnete (in der Gattung ‚Homo' waren Affen und Menschen), führte zu einem Konflikt mit den kirchlichen Vorstellungen eines einmaligen Schöpfungsaktes und brachte Linné vor ein Gericht; nur mit Mühe entging er einer gerichtlichen Strafe.

Christiaan Huygens (1629–1695)

Auf dem Bereich der Physik ist vor allem seine Beschäftigung mit dem Pendelschwung hervorzuheben. Huygens berechnete die Kurve, nach der die Schwingungen eines Pendels von gleich langer Dauer (isochron) sind und von einem Schwingungszentrum ausgehen. Diese Entwicklung benutzte er, um genau gehende Penduluhren herzustellen. Parallel mit Hooke entwickelte er auch Federuhren mit einer Unruhe.

Huygens stellte die Zentrifugalkraft bei der Rotation von Körpern dar. Er hatte die Idee vom Wellencharakter des Lichts, eine mechanistische Theorie, die Grundphänomene wie Brechung und Reflexion qualitativ und quantitativ richtig beschrieb.

1655 entdeckte er den ersten Saturnmond, 1656 den Orionnebel und die Gestalt des Saturnringes.

Robert Boyle (1627–1691)

Boyle führte seine Untersuchungen über die Elastizität der Luft mit einer eigens konstruierten Luftpumpe durch. So fand er das Gesetz über die Kompressibilität von Gasen (Druck-Volumen-Gesetz). Er versuchte die Dichte der Luft und des Quecksilbers zu bestimmen. Er beobachtete die Senkung des Siedepunktes bei vermindertem Druck. Boyle wies die Verdunstung des Eises nach und erfand die Kältemischung aus Schnee und Ammoniaksalz.

Robert Hooke (1635–1703)

Hooke hat die Grundlagen der Elastizitätstheorie geschaffen. In einem elastischen Körper (einer Feder zum Beispiel) ist die Ausdehnung proportional der angewandten Kraft. Die Beschäftigung mit elastischen Federn führte Hooke zur Erfindung einer Spiralfederuhr und zum Radbarometer, auf dem – wie heute noch – die Höhe der Quecksilbersäule mittels eines Zeigers auf einer runden Skala angezeigt wird. Hooke benutzte als erster den Barometerstand für Wettervorhersagen. Er konstruierte ein zusammengesetztes Mikroskop. Mit Hilfe einer mit Wasser gefüllten Glaskugel konzentrierte er das Licht auf das Präparat und konnte so eine bis zu 100fache Vergrößerung erzielen. Auf diese Weise sah er an Flaschenkorken Zellen; er nannte diese Gebilde „celles". Unser heutiger Zellbegriff geht auf diese Entdeckungen Hookes zurück.

Information (zu A 23)

Zur Textauswahl:
1. Lessings Skizze „Über die Entstehung der geoffenbarten Religion" wurde von Karl Lessing 1784 in „G. E. Lessings Theologischem Nachlaß" veröffentlicht. Wegen Fehlen der äußerer Anhaltspunkte läßt sich die Abfassungszeit des Textes nicht genau bestimmen.
2. Der Szenenausschnitt aus Schillers „Die Räuber" ist dem sogen. „Bogen B" entnommen, einer Fassung des 1. Aktes des Dramas, die Schiller bald zurückzog.

1. Merkmale des Absolutismus:

– Vereinheitlichung und Konzentration der Herrschaftsgewalt in der Hand des absolutistischen Fürsten
– Schaffung eines einheitlichen Untertanenverbandes – Zurückdrängung der ständischen Mitregierung
– Einrichtung (moderner) Sicherungen des Absolutismus: Beamtenschaft, stehendes Heer, Finanzverwaltung, Staatskirche
– prunkvolle Hofhaltung (als Machtdemonstration)
– hoher Geldbedarf; daher: Wirtschaftsförderung und Steigerung der Staatseinnahmen
– fortbestehendes Nebeneinander und wechselseitige Abhängigkeit von fürstlicher Gewalt und adligen Vorrechten sowie adlige bzw. städtische Selbstverwaltung.

„Die Träger des frühneuzeitlichen Staates, wer sie auch immer sein mochten, haben im Laufe des 16. und 17. Jahrhunderts das ihnen einhellig als oberstes Souveränitätsrecht zugesprochene Recht der Gesetzgebung intensiv genutzt, sie haben die Staatstätigkeit ausgeweitet und insgesamt einen schärferen unmittelbaren Zugriff auf die Untertanen erreicht.“

(Stolleis, Michael: Staat und Staatsräson in der frühen Neuzeit, Frankfurt/M. 1990, S. 187)

2. Absolutismus und moderne totalitäre Staaten:

Keine freie Verfügung über den Staat – keine bindungslose Herrschaft – religiöse Verantwortung des Herrschers – kein Eingriff in das Eigentum und die Freiheit des einzelnen – keine völlige Vereinheitlichung: Nebeneinander von fürstlicher Gewalt und ständischen Privilegien – Arrangement (Kompromiß) mit den Ständen.

„Daß der Absolutismus nicht zur schrankenlosen Despotie pervertierte, dafür sorgte anstelle einer positivrechtlichen Fixierung der Herrschergewalt ein allgemeiner Konsens über unaufhebbare Rechtstitel und Institute wie etwa die Staatsform oder das Eigentum, die dem Zugriff des Souveräns entzogen blieben.“

(Duchhard, Heinz: Das Zeitalter des Absolutismus, S. 36. © R. Oldenbourg Verlag, München 1989)

„Die völlige Einebnung oder Vernichtung bestehender ständisch-feudaler Strukturen im Namen eines absolutistischen Prinzips liegt dieser Regierung ganz außerhalb alles politischen Wollens und alles politischen Vorstellungsvermögens. Was sie will und wollen muß, ist, diese Strukturen zu dominieren: nicht mehr und nicht weniger.“

(Muhlack, Ulrich: Absoluter Fürstenstaat und Heeresorganisation in Frankreich im Zeitalter Ludwigs XIV.; in: Kunisch, Johannes (Hg.): Staatsverfassung und Heeresverfassung in der europäischen Geschichte der frühen Neuzeit, Berlin 1986, S. 277)

3. Säulen des Absolutismus:

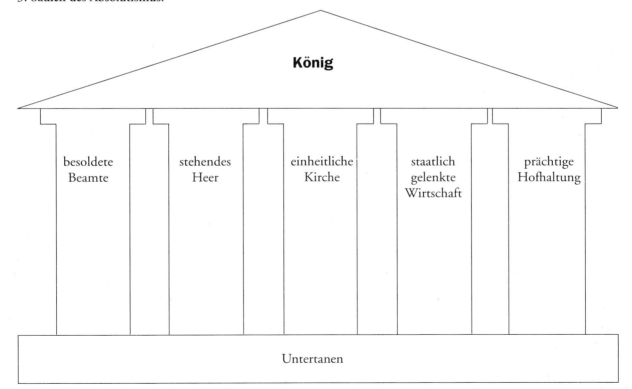

Aufhebung der Mediatisierung (Mittelbarkeit) des Verhältnisses zwischen König und Untertanen durch Zurückdrängung von Ebenen, die sich bisher zwischen König und Untertanen schieben – Forderung des Königs nach unmittelbarem Zugriff zu jedem Untertanen – enorme Ausdehnung der Staatstätigkeit durch Verstärkung oder Neuschöpfung von Institutionen.

A 1 Lösungshinweise

4. Vergleich der absoluten Monarchie mit dem modernen demokratischen Staat:

ABSOLUTISMUS	DEMOKRATIE
– Zentralisierung der Macht in der Hand des Fürsten – Schaffung eines Untertanenverbandes – dem Monarchen unmittelbar verantwortliche Beamte und Offiziere – Glaubenseinheit/Staatskirche – Bezugspunkt: absoluter Fürst	– Gewaltenteilung und Gewaltenkontrolle – Beteiligung der Staatsbürger durch Wahlen und Abstimmungen – auf die Verfassung und das Staatswohl verpflichtete Beamte und Offiziere – Religionsfreiheit – Bezugspunkt: Verfassung, Grundrechte

5. Bei Bodin fehlendes Element:

Staatskirche
Begründung: Zur Zeit Bodins gab es in Frankreich zahlreiche Anhänger Calvins (Hugenotten), die durch das Edikt von Nantes geduldet wurden; von Glaubenseinheit konnte man also nicht sprechen (vgl. Arbeitsblatt 12!).

A 2 Lösungshinweise

1. Die neue Situation:

Ausschaltung eines Kontrollorgans – Zentralisierung der Herrschaft – neues Herrscherbild – König alleiniger und uneingeschränkter Gesetzgeber („über dem Gesetz" – „legibus absolutus" – Anspruch!)

2. Gründe für das Nachgeben des Parlaments:

Respekt vor dem König – Unterwerfung unter den königlichen Willen – Überrumpelung und Einschüchterung des Parlaments durch den König – Befürchtung negativer Konsequenzen im Falle der Auflehnung – längst eingeleitete politische Schwächung des französischen Adels (der Stände).

3. Beurteilung des königlichen Vorgehens:

Brüskierung des geistlichen und weltlichen Adels – Arroganz der Macht – Wiederspiegelung der realen Machtverhältnisse in Frankreich – bewußte Verletzung der Etikette durch den König (Kleidung und Ausrüstung!) – Überraschungseffekt.

4. „Geburtsstunde einer neuen Regierungsform":

Tod des bisherigen Leiters der Politik, Kardinal Mazarin – selbstbewußtes Auftreten des Königs gegenüber seinen Ministern – nachdrückliche Betonung des neuen Stils durch Ludwig XIV. – schroffer Befehlston – Unterordnung der Minister unter den Willen des Königs (vgl. M 3).

5. Von Ludwig XIV. angestrebte Stellung:

Selbstregiment – Übernahme der Regierungsverantwortung – oberste Entscheidungsinstanz in allen Bereichen – uneingeschränkte Durchsetzung des königlichen Willens – Minister als Diener und Befehlsempfänger – Machtkonzentration.

6. Vergleich: Das Vorgehen gegen das Parlament von Paris mit dem Verhalten gegenüber der Regierung

Deutliche Übereinstimmungen (!!) – rigoroser Herrschaftsanspruch des Königs – geradezu demütigende Zurücksetzung der bisherigen „Partner" – politische Entmachtung von Staatsorganen – Aufwertung der Stellung des Königs – keine Duldung von Diskussion und Widerspruch.

1. Zusammenfassung der Forderungen Ludwigs XIV.:

Die Ausführung der königlichen Befehle wird auf verschiedene Personen verteilt.

- Der König überwacht die Ausführung seiner Befehle durch gelegentliche – überraschende – Detailgespräche mit einzelnen Ministern.
- Er nimmt keine Personen aus höherem Stand in seine Regierung auf und behauptet so seine überragende Stellung.
- Beim König laufen alle Fäden der Regierungsarbeit zusammen.
- Er allein verteilt Wohltaten und Gnadenerweise.
- Er entscheidet zwar selbst, läßt sich aber zuvor von Fachleuten beraten.

2. Die Regierungsgrundsätze – das Fundament der absolutistischen Herrschaft:

Keine Teilung der Souveränität – Minister lediglich Ratgeber und Diener des Königs – uneingeschränkte Machtbefugnisse des Königs – höchste Entscheidungsinstanz – Betonung der alles überragenden Machtfülle und des absoluten Herrschaftsanspruchs aufgrund des „Herrschergeistes".

1. Unterschiede zwischen den Regierungsformen

Vor Ludwig XIV.	Zur Zeit Ludwigs XIV.
– Der König ist Mitglied des Kronrates.	– Der König steht an der Spitze des Obersten Rates.
– Geistliche und weltliche Adlige sowie Angehörige der königlichen Familie sind Mitglieder des Rates.	– Nur der König und die Ressort-Minister sind Mitglieder des Rates.
– Die regionalen Parlamente verfügen über eigene Entscheidungsbefugnisse	– Die regionalen Parlamente werden durch Intendanten überwacht; ihre Entscheidungsbefugnisse sind eingeschränkt.

2. Aufgaben der vier Gremien:

Staatsrat: Auswärtige Politik, „alle wichtigen Angelegenheiten des Staates"
Staatsverwaltungsrat: Rechtsfragen, kirchliche Angelegenheiten, Verwaltungsaufgaben, Staatshaushalt
Verwaltungsrat: Haushaltsplan, Festsetzung und Verteilung der Steuern
Hofgerichtsrat: Gerichtsbarkeit in Zivilsachen und Verwaltungsangelegenheiten.

3. Stellung des Königs gegenüber den Gremien:

In allen Gremien höchste Entscheidungsinstanz – Möglichkeit zur Teilnahme in allen vier Räten (Informationen aus allen vier Räten) – Möglichkeit zur Verlagerung von Problemen und Aufgaben (großer Überschneidungsbereich der Funktionen) – keine klare Gewaltenteilung.

4. Machtsteigerung des Königs:

Verhinderung der Machtkonzentration bei einer Person oder einem Gremium – nahezu uneingeschränkte Macht des Monarchen.

5. Besonderheiten der Herrschaft im Mittelalter und im Zeitalter des Absolutismus:

Mittelalter	Absolutismus
1. Der König ist von der Mitwirkung des Adels abhängig.	1. Der König regiert selbständig.
2. Der Adel kann in seinem eigenen Gebiet weitgehend selbständig herrschen.	2. Vom König besoldete Beamte sorgen dafür, daß der Wille des Königs überall durchgesetzt wird.
3. Die Adligen besitzen eigene Heere.	3. Das stehende Heer ist immer einsatzbereit und gehorcht nur den Befehlen des Königs.
4. Die Kirche steht neben dem König.	4. Die einheitliche Kirche wird in den Dienst der Herrschaft des Königs gestellt.

A 5　Lösungshinweise

1. Beschreibung und Bewertung des Sonnensymbols:

Gesicht des Königs im Strahlenglanz – Licht und Leben für die ganze Erde – über alles Irdische erhaben (vgl. Umschrift!).
Einzigartigkeit des Monarchen – wohltätige Wirkung – Vermittlung von Sicherheit – Mittelpunkt des Kosmos – Wiederspiegelung des absolutistischen Anspruchs auf uneingeschränkte Alleinherrschaft – Anspruch Frankreichs auf führende Rolle in Europa (Hegemonie).

2. Beurteilung des Anspruchs:

Überheblichkeit und Maßlosigkeit – ungeheuerliche Selbstüberschätzung – Forderung nach kritikloser Hinnahme der monarchischen Herrschaft.

3. Wirkung der Bilder auf Zeitgenossen/Bewertung:

Entrücktheit des Königs – gottähnliche Stellung (Verwendung von Elementen aus der Heiligenmalerei) – absolute Überlegenheit – Siegesgewißheit.

Aus heutiger Sicht: geradezu unerträgliche Verherrlichung – Grenzenlosigkeit des Anspruchs auf eine Sonderstellung (vgl. auch Lösungsvorschläge zu Aufgabe 2).

4. Aufgaben des Königs:

Pflichtbewußtsein und Verantwortung gegenüber den Untertanen – Rechtfertigung der königlichen Herrschaft: Wohlergehen der Untertanen – königliches Amt als Dienst.

5. Erneute Erörterung des Sonnensymbols:

Legitimation des Herrschaftsanspruchs durch Leistungsverpflichtung – uneingeschränkte Souveränität als Voraussetzung für Gesetzgebung und Regierung im Interesse der anvertrauten Untertanen – „Sakralisierung des Monarchen" als Rechtfertigung und Grundlage seines Handelns.

„Arbeit – das war das große Losungswort des Königs … Niemand empfand mehr Freude an der Erfüllung seiner Pflicht als er."

(Pierre Gaxotte: Ludwig XIV., Frankfurt/Berlin 1988, S. 20.)

A 6　Lösungshinweise

1. Die Entwicklung der französischen Staatsausgaben:

in 62 Jahren: 38 Mio. Goldmark
in 90 Jahren: 59 Mio. Goldmark
in 16 Jahren: 82 Mio. Goldmark

2. Gründe für diesen Anstieg

stehendes Heer, königliche Beamte, königliche Hofhaltung, Kriege und Subsidien (s. Tafelanschrieb)

3. Der französische Staatshaushalt

weist ein Defizit von 30 Mio. Livres auf. (s. Tafelanschrieb)

4. Mögliche Gegenmaßnahmen

– Steuererhöhungen oder Sparmaßnahmen
– Das Selbstverständnis des Monarchen und die politische Situation (Krieg) lassen nur die Möglichkeit der Steigerung der Einnahmen zu.

5. Denkschrift Colberts

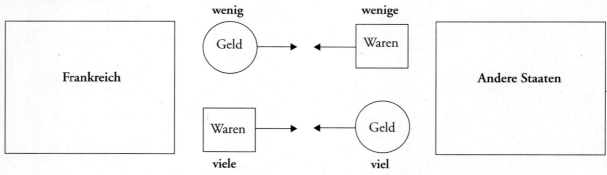

6. Stellungnahme zu einem Satz Colberts

Der König soll sich um die Belange der französischen Wirtschaft kümmern. (Siehe Tafelanschrieb.)

7. Wirtschaftsgesetze und Maßnahmen

Gesetze und Verordnungen:	Ziele:
1. Maße und Gewichte werden in ganz Frankreich vereinheitlicht.	– besserer Handel in ganz Frankreich
2. Hafenanlagen und Kanäle werden gebaut.	– billigerer Transport von Waren
3. Zollschranken innerhalb Frankreichs werden aufgehoben.	– einheitliches Wirtschaftsgebiet
4. Aus dem Ausland eingeführte Waren werden mit hohen Zöllen belegt.	– wenig Import von Fertigwaren
5. Die Ausfuhr von Rohstoffen wird verboten.	– Rohstoffe bleiben in Frankreich
6. Die Ausfuhr von Geld wird bei Todesstrafe verboten.	– Geld bleibt in Frankreich
7. Die Auswanderung von Arbeitskräften wird untersagt.	– Arbeitskräfte bleiben im Land
8. Der Erwerb von Kolonien wird gefördert.	– eigene/billige Rohstoffe
9. Eine Handelsflotte wird geschaffen.	– eigener/billiger Transport
10. Die Arbeitslöhne werden niedrig gehalten.	– billige Produktion/konkurrenzfähig
11. Der Brotpreis wird niedrig gehalten.	– billige Lebensmittel für Arbeiter

● Tafelanschrieb:

Die Wirtschaftsform des Absolutismus

Die Staatsausgaben steigen unter Ludwig XIV. in Frankreich stark an:

stehendes Heer   königliche Beamte   königliche Hofhaltung   Kriege und Subsidien *(Hilfsgelder)*

Frankreich hat hohe Schulden

Großer Geldbedarf des französischen Staates

Colberts Lösungsvorschläge:

1. Vermehrung des Geldbesitzes in Frankreich durch Handel: viel Export, wenig Import

= Merkantilismus ist Handelswirtschaft

2. Eingreifen des Königs in die Wirtschaft

= Merkantilismus ist staatlich gelenkte Wirtschaft

Ziel: Vergrößerung der Einnahmen des Staates

Ü.buch no. 3
Abbildes 113

Skizze H 5 S. 14
18/15

1. Bildvergleich: Uhrmacherwerkstatt – Rasiermessermanufaktur

Erschließende Fragestellungen:
- Größe der Produktionsbetriebe?
- Ausstattung der Werkstatt/des Betriebs?

- Zahl der Arbeiter? Frauen und Kinder?
- Arbeitsgeräte, Werkzeuge?
- Arbeitsvorgänge?

Werkstatt	Manufaktur
– fünf Personen; – jeder Handwerker arbeitet für sich, stellt allein ein Produkt her; – Werkstatt im Haus des Meisters; – Frau und Kinder in der Werkstatt, aber nicht im Produktionsprozeß; – keine Trennung von Wohnung und Arbeitsstätte, von Arbeitswelt und Privatleben.	– viele Arbeiter; – arbeiten arbeitsteilig an einem Produkt, jeder Arbeiter ist spezialisiert; – reine Produktionsstätte; – Frauen und Kinder im Produktionsprozeß/Frauen- und Kinderarbeit; – Trennung von Arbeitswelt und Privatleben, Produktionsstätte ist nicht Wohnung der Arbeiter; geregelte Arbeitszeit (Uhr!).

Fazit: Manufakturen verändern das Wirtschaftsleben:
- Kapital zur Gründung nötig
- genaue Produktionsplanung
- Organisation der Arbeit

- Spezialisierung der Arbeiter
- Arbeits- und Zeitdisziplin
- aus dem Handwerksmeister wird ein Unternehmer
- aus dem Handwerksgesellen wird ein Lohnarbeiter

2. Unterschiede zwischen der handwerklichen Wirtschaftsform und der einer Manufaktur:

Handwerksbetrieb

Manufaktur

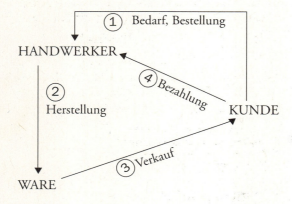

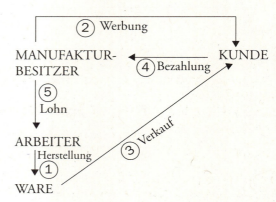

Der Handwerker produzierte auf Bestellung des Kunden:

Die Manufaktur produzierte auf Vorrat; Kunden müssen geworben werden:

Bedarfsdeckungs-Wirtschaft

Bedarfsweckungs-Wirtschaft

3. Privilegien für den Unternehmer:

- französische Staatsbürgerschaft
- Steuer- und Abgabenbefreiung für eine gewisse Zeit
- keine Versorgung einquartierter Soldaten
- keine städtischen Dienste (z. B. Feuerwehr, Nachtwachen usw.)
- keine Fronabgaben an Stadtherren oder Kirche
- staatliche Starthilfen, Subventionen
- Ausschalten von Konkurrenz

4. Wirtschaftliche Zielsetzungen des Monarchen:

- Beschäftigung ausländischer Spezialisten (Unternehmer und Facharbeiter)
- Aufbau einer leistungsfähigen eigenen Produktion
- Herstellung von Waren für den Export

5. Die Bedeutung der Manufakturen für den absolutistischen Staat

Auswertung der Skizze:

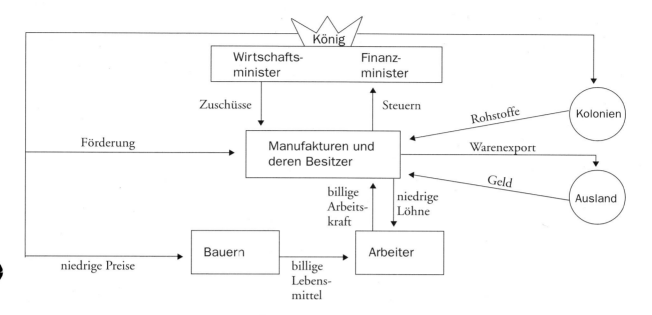

- alle wirtschaftspolitischen Maßnahmen sind auf die Manufakturen zugeschnitten
- diese bilden den Mittelpunkt der merkantilistischen Wirtschaft

- direkte Förderung und Subventionen
- indirekte Förderung durch flankierende Maßnahmen (Erwerb von Kolonien als Rohstofflieferanten, Handelsbeziehungen mit dem Ausland, königliche Erlasse zur Festlegung von Lebensmittelhöchstpreisen u. a.)

6. Nutznießer des Systems:

- in erster Linie der König – die Steuereinnahmen werden gesteigert
- die Manufakturbesitzer – Privilegien und staatliche Zuschüsse

8. Wer fehlt?

- Adel und Klerus (1. und 2. Stand)
- keine Beteiligungen an dieser Erneuerung des Wirtschaftslebens, aus dem Wirtschaftskreislauf ausgeschlossen.

7. Wer erleidet Schaden?

- in erster Linie die Bauern – durch Niedrigpreise für Nahrungsmittel verarmen die Bauern

1. Wie wird die Stellung der Gesellschaftsschichten gesehen?

Zeitgenössische Urteile über die absolutistische Gesellschaft

	Richelieu	La Bruyère/Vauban
Adel	staatstragend; soll Privilegien behalten	ohne Bedeutung für den Staat, Schmarotzerdasein
3. Stand (Bürger, Bauern, Arbeiter)	gesetzlose Masse; muß niedergehalten werden	staatstragend; erarbeitet den gesamten Wolhstand

A 8 Lösungshinweise

2. Erklärung der verschiedenen Auffassungen

- Richelieu: praktizierender Politiker; Ziel: Erhaltung des status quo
- La Bruyère: Kritiker der feudalen Gesellschaftsordnung aus der Sicht des Bürgertums, Ziel: Veränderung der Gesellschaft;
- Vauban: will den französischen König auf Mißstände – v. a. im Steuersystem – aufmerksam machen, sieht die Bedeutung des 3. Standes für Wirtschaft und Staat.

3. Der prozentuale Anteil der Stände an der Gesamtbevölkerung:

1. Stand: ca. 0,5%;
2. Stand: ca. 1,5%;
3. Stand: ca. 98%.

4. Vergleich zwischen gesellschaftlicher und politischer Stellung der Stände mit ihrer wirtschaftlichen Bedeutung

gesell./polit. Stellung		wirtschaftliche Bedeutung
1.	Adel	3.
2.	Manufakturbesitzer, Kaufleute	1.
3.	Bauern	2.

5. Widerspruch in der Gesellschaft

Die feudale Ständeordnung besteht weiter, die wirtschaftliche Bedeutung der Stände hat sich verändert. Aus diesem Widerspruch kann ein Konfliktpotential entstehen.

A 9 Lösungshinweise

1. Ziele der Monarchie:

- Oberste Regierungsgewalt
- uneingeschränkte Souveränität
- königliches stehendes Heer
- Erhebung von Steuern (ohne Zustimmung des Adels)

Ziele des Adels:

- Mitregierung
- Bewahrung der überlieferten Rechte
- Privatarmeen
- Einflußnahme auf die Besteuerung (Parlamente)

2. Ergebnis der Kämpfe: Errichten des Absolutismus:

Wiederherstellung von Recht und Ordnung in Frankreich (Beendigung des Fronde-Aufstandes) – Erschöpfung und Uneinigkeit der adligen Gegner – Anerkennung der Monarchie als oberste Gewalt – Vernichtung der Machtgrundlagen des Adels: Zerstörung von Burgen und Schlössern – keine Beseitigung der Privilegien (= Merkmal des Absolutismus; s. Arbeitsblatt 1).

3. Zusammenfassung (Eintragungen):

1. Chance, durch die Übernahme von Ämtern in den Adelsstand aufzusteigen
2. keine unbedingte Vorrangstellung der alten Aristokratie vor dem Geldadel
3. große Unterschiede zwischen den Angehörigen des Adelsstandes; Gemeinsamkeiten: Privilegien, Titel, Aufnahme in Ritterorden, Lebensführung
4. drei Gruppen: Hofadel, Amtsadel, Geldadel

5. gleiche Bauweise von Adel uind Finanzwelt
6. Ausgleich fehlender Zugehörigkeit zum Adel durch persönliche Verdienste
7. Angewiesensein des Königs auf alle drei Gruppen.

4. Besondere Merkmale und Aufgaben:

Schwertadel

- Geburtsadel
- unterschiedliche Vermögensverhältnisse und Lebensführung
- Privilegien
- Verpflichtung zu Tapferkeit und Treue
- Offiziersdienst

Amtsadel

- durch Übernahme von Ämtern aufgestiegen
- Ansehen durch persönliche Verdienste erworben

Geldadel

- Vorsteher staatlicher oder privater Geldinstitute
- Finanziers des Königs

5. Auflösung der Standesschranken:

An die Stelle der adligen Abstammung tritt der Dienst für den König als Voraussetzung für Ansehen und Anerkennung.

Die Nähe zum König und die Teilnahme am Hofleben waren wichtiger als der Adelsbrief.

Da der König alle drei Gruppen gleichermaßen brauchte, kam es zu einer teilweisen Annäherung der oberen Mitglieder des Dritten Standes mit dem Geburtsadel.

6. „Adelspyramide":

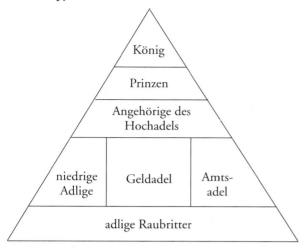

Zur Information:

Hierarchie der französischen Erzbistümer 1789

nach den Pfründen		nach dem Patronat über Pfarreien		nach den Bischöfen des Erzbistums	
Cambrai	200 000 l.t.	Rouen	1388	Tours	12
Paris	200 000	Besançon	812	Narbonne	12
Narbonne	160 000	Sens	774	Auch	11
Auch	120 000	Bourges	712	Bordeaux	10
Albi	120 000	Lyon	706	Reims	9
Rouen	100 000	Cambrai	610		
		Reims	517	Toulouse	8
Toulouse	90 000			Lyon	8
Tours	82 000	Paris	479	Rouen	7
Sens	70 000	Vienne	430	Vienne	7
Bordeaux	55 000	Bordeaux	381	Embrun	7
Reims	50 000	Auch	359	Albi	6
Lyon	50 000	Tours	310	Aix	6
Bourges	50 000	Narbonne	242	Bourges	6
		Albi	213		
Arles	42 000	Toulouse	213	Arles	5
Aix	37 400			Cambrai	5
Besançon	36 000	Embrun	98	Paris	5
Vienne	35 000	Aix	96	Sens	5
Embrun	32 000	Arles	51	Besançon	4

(nach: B. Plongeron, La vie quotidienne du clergé français au XVIII siècle, Paris 1974, S. 20.)

A 10 Lösungshinweise

1. Stellung der Frau im Zeitalter Ludwigs XIV.:

– Beschränkung auf Familie und Haushalt
– Wahl des Ehemanns durch die Eltern
– Ziel: standesgemäße Eheschließung (vgl. M 6)
– Schönheitspflege als wesentliche Aufgabe
– Verpflichtung zu Mode-Exzessen (Kleidung, Haartracht)
– „Anhängsel" des Mannes
– keine eigene soziale Funktion, keine Berufstätigkeit.

2. Rechtliche Situation:

– Keine Verfügung über das Eigentum
– Besitz und Erbe der Frau stehen zur Disposition des Mannes

3. Haltung Liselottes zu dieser Situation:

– Unzufriedenheit mit dem französischen „Ehepakt"
– erzwungener Verzicht auf Einflußnahme auf die Verwaltung ihres Erbes
– Unterwerfung unter den Willen des Ehemannes.

4. Heiratschancen:

– Abhängigkeit von der Höhe der jeweiligen Mitgift
– „standesgemäße" Heirat als Ziel
– „Bewertung" der Frau nach ihrem Vermögen
– „Bewertung" des Mannes nach seiner gesellschaftlichen und politischen Funktion.

A 11 Lösungshinweise

1. Beschreibung der Bilder:

– Ablieferung von Abgaben (landwirtschaftliche Produkte und Geld) – Adliger mit Hut und reicher Kleidung (sitzend, lässige Haltung, strenger Blick) – Bauer in ärmlicher Kleidung (Hut unter dem Arm, devote Haltung) – Ort: Haus des Adligen.
– Mann und Kind auf der Straße – ärmliche Kleidung (z. B. Holzschuhe, Lumpen) – im Hintergrund Dorf, in dem die Obdachlosen keine Bleibe finden – Bettler – Ausdruck der beiden Gestalten: Verzweiflung und Elend.

2. Absicht der Darstellungen:

Notlage der Unterschichten – Unterdrückung, Ausbeutung, Vertreibung von Haus und Hof – Reichtum und Hochmut des Adels – Spinne im Netz (Adliger)/Fliege (Bauer) – Kritik an den sozialen Zuständen in Frankreich.

3. Funktion der Bauern:

Träger der Gesellschaft – vierfache Abhängigkeit (Dorfgemeinschaft/Kirche/Grundherr/König) – hoher Anteil der Abgaben – Elend der Vielen/Reichtum und luxuriöses (arbeitsloses) Leben der Wenigen – 10 Prozent Privilegierte.

4. Bäuerlicher Jahreskalender:

Januar: Pflügen
Februar: Aussaat (Hafer und Gerste)
März: Aussaat, Vorbereitung der Felder
April: Hacken der Weinberge, Pflügen, Aussaat (Mais)
Mai/Juni: Pflügen, Jäten
Juli: Ernten (Heu, Getreide)
August: Dreschen, Pflügen, Ernten (Hafer), Düngen
September: Pflügen, Weinlese, Ernten (Mais)
Oktober: Einbringen der Ernte, Säen (Weizen, Roggen, Hafer usw.), Einkaufen (Gänse, Schweine)
November: Ruhen
Dezember: Pflanzen (Bäume), Pflügen.

5. Schichtung der französischen Gesellschaft:

Krasse Unterschiede – deutliche Schichtung der Gesellschaft – Luxus der Oberschicht – einfaches Leben der „kleinen Leute" – Wert einer Elle des wertvollsten Stoffes: 31 Arbeitstage eines Handwerkers bzw. Brotbedarf einer vierköpfigen Familie in 110 Tagen usw.
Mögliche Eintragungen:

Besitz- und Einkommensverteilung um 1700:

Angehörige des Königshauses / Hochadel

wohlhabende Adlige / wohlhabende Geistliche / „Rentner" / Steuerpächter / Heereslieferanten / Kaufleute und Manufakturbesitzer / hohe (adlige) Offiziere

Rechtsanwälte / Ärzte / Notare / Pächter / Inhaber kleiner Betriebe / Handwerker / niederer Klerus / verarmte Adlige / Offiziere

Handwerksgesellen / Handarbeiter / Tagelöhner / Soldaten

Bauern
Landarbeiter

1. Verhältnis zwischen den französischen Königen und den Hugenotten:

Wechsel zwischen begrenzter Duldung durch die Krone und massiver Verfolgung – zahlreiche (vergebliche) Versuche zur völligen Ausschaltung der Protestanten in Frankreich (10 Hugenottenkriege) – Ausnahme: unter Heinrich IV. freie Religionsausübung und politische Sicherheit der Hugenotten – Bereitschaft der Hugenotten zum Widerstand.

2. Gründe für die Verfolgung:

– enge Verbindung zwischen Krone und katholischer Kirche
– soziale Disziplinierung der Untertanen durch die Kirche
– wichtige Funktion der Kirche bei der Vermittlung königlicher Gesetze und Verordnungen
– Sicherung der Reichseinheit durch Glaubenseinheit
– Schaffung eines einheitlichen Untertanenverbandes.

3. Maßnahmen gegen die Hugenotten:

– Beschränkung der Religionsausübung
– Benachteiligung bei der Schulbildung
– Ausschluß von wichtigen Berufen
– kostspielige Einquartierungen (Dragonaden)
– Enteignung und Beraubung
– Drohungen und Missionierung mit Gewalt.

4. Beurteilung der Maßnahmen:

Unmenschliches Vorgehen – Verfolgung der eigenen Untertanen (allein wegen ihrer Religion) – Nichteinhaltung von gegebenen Zusicherungen (z. B. Aufhebung des Edikts von Nantes).

5. Edikt von Fontainebleau (Zusammenfassung):

– Aufhebung des Edikts von Nantes
– Verbot von Gottesdiensten
– Ausweisung der protestantischen Pfarrer
– Auflösung der Hugenottenschulen
– Zwang zur katholischen Taufe
– Auswanderungsverbot.

6. Angestrebtes Verhältnis (Skizze):

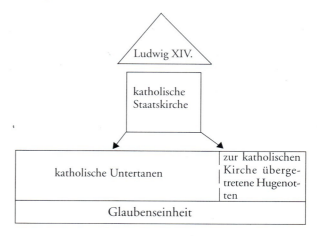

7. Negative Auswirkungen des Edikts von Fontainebleau:

Gegnerschaft der Hugenotten gegenüber der Krone – zahlreiche Auswanderer (Glaubensflüchtlinge), etwa 200 000–300 000 – Bildung von europäischen Koalitionen gegen Frankreich – Aufstände und Bürgerkriege in Frankreich – Fortbestehen des Calvinismus in Frankreich.

1. Wirkung der Schloßanlage:

Riesige Dimensionen – prächtiger und aufwendiger Baustil – planvolle Regelmäßigkeit und Symmetrie (Rationalismus) – klare und übersichtliche Strukturierung – Verwendung antiker Bauformen – vertikale Gliederung der Baukörper – Offenheit (im Gegensatz zur mittelalterlichen Burg) – mehrere Höfe von unterschiedlicher Größe.

2. Versailles als Symbol der Machtentfaltung des Monarchen:

Mittelpunkt des Staates: Sitz Ludwigs XIV. – Fähigkeit des Königs zur beispiellosen Prachtentfaltung – (fast) unbegrenzte finanzielle Mittel – Ausrichtung der Gesamtanlage auf die königlichen Gemächer – offene Zurschaustellung des königlichen Reichtums – Ansammlung einer großen Zahl französischer Adliger um den König – enorme Zahl der beim Schloßbau beschäftigten Handwerker und Arbeiter – Schloß und Hofleben als Machtdemonstration – „Brennspiegel und Spiegelbild des europäischen Absolutismus gleichermaßen"

3. Nach französischem Vorbild errichtete Barockschlösser in Europa:

z. B. die Schlösser in Rastatt, Karlsruhe, Berlin (Charlottenburg), Potsdam, München (Nymphenburg), Würzburg, Blenheim (England), Belvedere (Wien), Petersburg, Madrid.

4. Zentrale Stellung des Königs:

Gleichsetzung des Königs mit antiken Göttern – Blick auf den König in der Schloßkapelle – Verewigung der Person Ludwigs XIV. im Spiegelsaal – Hinweise auf die Siege Ludwigs XIV.

5. Verbindungen zwischen der Funktion des Schlosses und dem Absolutismus:

König im Mittelpunkt – Verherrlichung der Person des Königs – uneingeschränkte Machtstellung: Souveränität (Anspruch!) – freie Verfügung über die Leistungen (Steuern) des Staates – Zentralisierung der Staatsgewalt – keine Bindung des Königs an die Gesetze (legibus absolutus).

6. Hofleben in Versailles:

Vorrang von Unterhaltung und Vergnügen – riesiger Aufwand für die Festlichkeiten – verschwenderische Ausgaben für Schmuck und Kleidung – das Hofleben bestimmen des Zeremoniell (Etikette) – wirkungsvolle Darstellung der Macht gegenüber ausländischen Besuchern.

„Man (wird) das durch die Demonstration des höfischen Aufwandes zum Ausdruck gebrachte Verhalten richtiger als rationales politisches Imponiergehaben erklären"

(Kruedener, Jürgen: a. a. O., S. 23).

7. Gründe für die Kritik Colberts:

Zu starke Betonung der Vergnügungen – scheinbare Zurückstellung der Staatsgeschäfte – mögliche negative Auswirkungen auf das Ansehen und den Ruhm des Königs – hemmungslose Verschwendung von Steuergeldern – Prunk und Pomp von Versailles als nicht hinreichender Maßstab für die Verdienste des Königs.

8. Der Stil Colberts:

Verklausulierung der Kritik – vorsichtige Wendungen – Ausdruck der uneingeschränkten Verehrung gegenüber dem Monarchen – „Lobhudelei" – Rechtfertigung des luxuriösen Lebens – Prachtentfaltung als Gefahr für den tatsächlich verdienten Ruhm.

9. Übersehen einer wichtigen Funktion von Versailles:

Selbstdarstellung des Königs (und des französischen Staates) – imposante Wirkung von Versailles – Machtdemonstration und dadurch realer Machtzuwachs.

„Es ginge völlig an der Sache vorbei, wollte man diesen immensen höfischen Aufwand nur mit der Kategorie ,Verschwendung' zu fassen und zu erklären versuchen. Repräsentation im Hof und durch den Hof, Quantität und Qualität des höfischen Aufwandes wurden für den barock-absolutistischen Fürsten zu einem politischen Mittel, um im … internationalen Konkurrenzkampf der Dynastien zu bestehen"

(Duchhard, Heinz: Das Zeitalter des Absolutismus, S. 50.
© R. Oldenbourg Verlag, München 1989.)

Vorschlag für einen Tafelanschrieb:

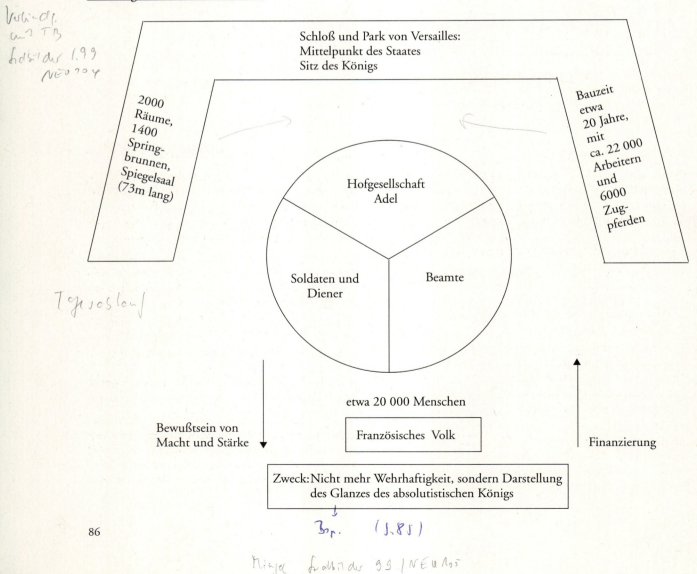

86

1. Der König und sein Hofstaat

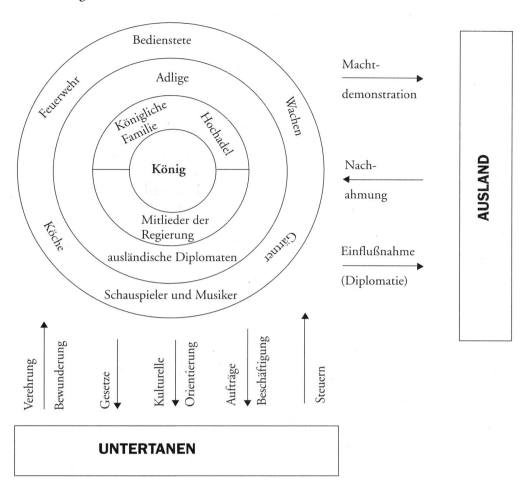

2. Bedeutung des Hofes:

Versammlungsort der Elite – kultureller, politischer (und wirtschaftlicher) Mittelpunkt – Machtdemonstration im Innern und nach außen – großartige Präsentation des Königs (herausragende Stellung) – Zentralisierung.

3. Mittel Ludwigs XIV. zum Gunsterweis bzw. -entzug:

– Erlaubnis zur Teilnahme an Festen, Spaziergängen und Ausflügen
– kleine alltägliche Begünstigungen (z. B. Leuchten beim Coucher)
– „Rockprivileg" (Wettstreit um die Genehmigung)
– Beachtung oder Nichtbeachtung durch den König.
Besonders wichtig ist bei dieser Aufgabe die Einsicht, daß der König in der Auswahl seiner engeren Umgebung völlig frei war und seine Gunst nach Belieben gewähren oder entziehen konnte.

4. Anwesenheit des französischen Adels am Hof:

Bedeutung der Nähe zum König – Abhängigkeit der Elite von der monarchischen Gewalt – ständige Kontrolle des Adels (erfolgreiche Verhinderung der Verselbständigung) – Repräsentationsfunktion – Teilnahme am Hofleben als Entschädigung für verlorene Machtkompetenzen.

„Das aufwendige Hofleben … muß ganz unter politischen Aspekten gesehen werden … (Es war) ein Instrument, wichtige Teile des Adels an die Krone zu binden und zu kontrollieren … (Der Hof) sollte sichtbarer Ort sein, an dem alles Wichtige geschah, wo alles, was Rang und Namen besaß, sich versammelte, wo Ehren und Ansehen vergeben wurden"

(Hinrichs, Ernst (Hg.): Absolutismus, a. a. O., S. 126 f.)

5. Tätigkeiten der Hofgesellschaft und Charakterisierung eines Tagesverlaufs:

Versammlung im Vorraum der königlichen Schlafzimmer – Rundgang durch verschiedene Räume und Säle – Musik und Tanz – Spiele aller Art – reichliches Essen und Trinken – Übersteigerter Luxus – nutzloser Zeitvertreib – Oberflächlichkeit – leere, unproduktive Tätigkeiten.

1. Zusammenhang zwischen absoluter Monarchie und neuer Heeresstruktur:

Durchsetzung einheitlicher Vorschriften und Organisationsformen in Staat und Gesellschaft – Anspruch der Krone auf alleinige Befehlsgewalt („Royalisierung" des Militärs) – „Heerwesen: Veranstaltung des monarchischen Staates".

„Die wirksame Kontrolle der bewaffneten Streitkräfte durch eine zentralisierte Gewalt wurde zum Symbol der Modernität... Diese Entwicklung und die neue Art der Kriegführung selbst verlangten nach neuen administrativen Verfahren und Vorbildern. Der neue Verwaltungsapparat war von Beginn an zentralistisch aufgebaut und dem König unterstellt"

(Hinrichs, Ernst (Hg.): Absolutismus, a. a. O., S. 285)

2. Systematisierung der einzelnen Maßnahmen:

Vereinheitlichung	Erhöhung der Schlagkraft	Monarchische Kontrolle	Fürsorge für die Soldaten
– Ausbildung – Uniformen – Befehlsstruktur	– Steigerung der Zahl der Soldaten – Schaffung neuer Waffengattungen (Artillerie, Dragoner) – Kadettenanstalten – neue Bewaffnung	– eindeutige Vorschriften – neue Dienstgrade – Kontrolle der Offiziere	– feste Besoldung – Sicherung der Verpflegung – Alters- und Invalidenversorgung

3. Ziel der Maßnahmen:

Schaffung eines gefügigen Instruments zur Ausübung von politischem und militärischem Druck auf andere Staaten und zur erfolgreichen Kriegsführung.

„Schutz und gelegentlich auch Angriffskraft gegen außen, Herrschaftsstabilisierung des absoluten Fürsten nach innen, das waren ... die Aufgaben eines stehenden Heeres"

(Kunisch, Johannes (Hg.): Staatsverfassung und Heeresverfassung in der europäischen Geschichte der frühen Neuzeit, Berlin 1986, S. 215)

4. Reaktionen auf die Einführung des Milizheeres:

Beschwerden – Disziplinlosigkeit – mangelnde Begeisterung – Angst vor Gefahren – Ablehnung von Auslandseinsätzen – Flucht vor der Einberufung.
Die Reaktionen zeigen, daß – im Gegensatz zur Zeit der Französischen Revolution – keine Bereitschaft bei der französischen Bevölkerung bestand, für den König und den Staat zu kämpfen. Die Milizsoldaten konnten sich mit den Kriegsplänen des Monarchen nicht identifizieren; außerdem gab es zahlreiche Freistellungen für Privilegierte.

5. Gründe für die Aufstellung der Miliz:

Verstärkung des stehenden Heeres (zwei-, später dreijährige Dienstpflicht der Milizsoldaten; fast 39 000 Mann: 1711) – zahlreiche Kriege – Verfügung über eine „nationale Streitmacht".

6. Konsequenzen aus der Vergrößerung des Heeres:

Starke und kontinuierliche Steigerung: von 40 000 (1664) auf 400 000 Mann (1703) – qualitativer Wandel: neue Formen der Außenpolitik und der Kriegführung – enormer (permanenter) finanzieller Aufwand – Angewiesensein auf regelmäßige und wachsende Steuereinnahmen – Steigerung der Aktivitäten des Staates – Nachahmung durch andere europäische Staaten.

„Ein Musterbeispiel (für die gesteigerte Aktivität des Staates) war ohne Zweifel das Frankreich Ludwigs XIV. ... Die Gründung eines französischen Kriegsministeriums mit Verwaltern, die die Finanzierung, Versorgung und Organisation der Truppen kontrollierten...; der Bau von Kasernen, Krankenhäusern, Exerzierplätzen und Depots jeglicher Art zur Versorgung der gewaltigen Armee des Sonnenkönigs und die Schaffung einer zentral organisierten mächtigen Flotte – all dies zwang die anderen Mächte, diesem Beispiel zu folgen, wenn sie nicht zurückfallen wollten"

(Kennedy, Paul: Aufstieg und Fall der großen Mächte, Frankfurt/M. 1989, S. 132)

1. Beschreibung der Festungsanlagen:

Regelmäßige (symmetrische) Form – sternförmige Mauerringe um die eigentliche Stadt – riesige Ausmaße der Mauern – gewaltiger Aufwand – erstaunliche technische Leistung – Einbeziehung der Flußübergänge (Brücken) in die Festung.

2. Unterschiede zur mittelalterlichen Burg:

Befestigte Städte – Schutz für die gesamte Bevölkerung – planmäßige Anlage – ungeheure Größe – in der Ebene gelegen – im wesentlichen künstliche Fortifikation. *„Vauban ... veredelte das rauhe Werk ... durch den Zuschnitt der Bastionen"*

(Hager, Werner: Barock. Architektur, Baden-Baden 1979, S. 101).

3. Zusammenhang zwischen Festungsanlage und Stadt:

Militärische Funktion der Stadt: Marktplatz = Exerzierplatz – Nebeneinander von militärischem und zivilem Bereich: Gouverneurs- und Offizierswohnungen, Markthalle neben Verpflegungslager für die Soldaten – Holzlager neben dem Zeughaus – vier gesicherte Stadttore – übersichtliches „Schachbrettmuster" – sämtliche städtische Lebensbereiche innerhalb des Mauerrings.

4. Funktion des Festungssystems:

Schutz der Grenzen Frankreichs (einschließlich der annektierten Gebiete) – regelrechter Festungsgürtel im Norden und Osten – Abschreckung potentieller Angreifer – Machtdemonstration.
„Die Sicherung der neuen Grenzen wurde Vauban übertragen; in kurzer Zeit zog sich ein mächtiger Festungsgürtel von der Kanalküste über Luxemburg, Lothringen und das Elsaß bis zur Schweizer Grenze. Sollte die Reunionsfrage noch einmal aufgerollt werden, war eins so gut wie sicher: der Krieg würde nicht in Frankreich stattfinden"

(Mieck, Ilja: Europäische Geschichte der Frühen Neuzeit, a. a. O., S. 275.)

5. Versailles keine Festung:

Frankreich und sein König wurden an den Grenzen des Landes verteidigt.
„Durch den Übergang von der einzelnen Festung zu einem umfassenden System ... (konnte) die territoriale Integrität des Staates ... nach außen hin demonstriert werden"

(Duchhard, Heinz: Das Zeitalter des Absolutismus, a. a. O., S. 75).

Im Gegenzug waren die Mauern der Städte im Inland geschleift und zahlreiche Burgen zerstört worden.

1. Kriege Ludwigs XIV. (Eintragungen in das Schema)

Bezeichnung des Krieges	Zeit	Anlaß Frankreichs	Gegner Frankreichs	Ergebnis
Krieg um die Spanischen Niederlande	1667–1668	Anspruch Ludwigs XIV. auf die Spanischen Niederlande als Mitgift für seine Gattin	England, Holland, Schweden (Tripelallianz)	Annexion von Lille und Dünkirchen
Krieg gegen Holland	1672–1678	Handelskonkurrenz, Ausschaltung der holländischen Unterstützung für die Spanischen Niederlande	Holland, Deutscher Kaiser, Brandenburg-Preußen	Annexion der Freigrafschaft Burgund
Reunionen	1680–1684	französische Ansprüche auf deutsche Gebiete (aufgrund historischer Zusammengehörigkeit von Gebieten)	–	Annexion von 500 Städten und Dörfern (darunter Straßburg und Luxemburg)
Pfälzischer Krieg	1688–1697	französicher Erbanspruch auf die Pfalz (Liselotte von der Pfalz Schwägerin Ludwig XIV.)	Deutscher Kaiser und mehrere Reichsfürsten, England, Spanien, Schweden, Holland, Savoyen	–
Spanischer Erbfolgekrieg	1701–1714	ungeklärte Erbfolge in Spanien, Anspruch Ludwigs XIV. auf den spanischen Thron	Deutsches Reich (ohne Bayern), England, Savoyen, Holland	Gleichgewicht auf dem Kontinent, Abtretung des französischen Kolonialbesitzes in Nordamerika

2. Scheitern des französischen Hegemonialanspruchs:

Große europäische Allianzen gegen Frankreich – Überforderung Frankreichs durch mehrere (auch überseeische) Kriegsschauplätze – englische Gleichgewichtspolitik – ungeheure Kriegskosten und Kriegsverluste – Überforderung der Staatsfinanzen: „Es mußte außer Adelstiteln bereits auch das Versailler Silbergeschirr verkauft werden, um den Krieg überhaupt notdürftig weiterführen zu können...; der Staat Ludwigs XIV. (stand) beim Ableben des Monarchen vor dem finanziellen Ruin."

(Duchhard, Heinz: Das Zeitalter des Absolutismus, a. a. O., S. 72 f.).

3. Beurteilung der Äußerung Ludwigs XIV:

Hier sollten die ausschließliche Ausrichtung zwischen staatlicher Verhältnisse auf Machtsicherung und Machtausdehnung und die Skrupellosigkeit der Außenpolitik hervorgehoben werden (vgl. M 5 und Arbeitsblatt 18)

4. Anspruch des absolutistischen Fürsten und außenpolitische Prinzipien:

Souveränität nach innen und außen – keine Bindung des absoluten Monarchen an Gesetze und Verträge.

5. Zusammenfassung der Kritik:

– Überzogene Ansprüche
– Bereitschaft, außenpolitische Ziele mit kriegerischen Mitteln durchzusetzen
– Überforderung des eigenen Landes (personell, wirtschaftlich, finanziell)
– rücksichtslose Expansionspolitik.

6. Wichtige Ergebnisse:

– Scheitern der Hegemonialpolitik Ludwigs XIV.
– Bildung antifranzösischer Koalitionen
– Wirtschaftlicher und finanzieller Niedergang Frankreichs
– Herstellung des – von England angestrebten – Gleichgewichts auf dem europäischen Kontinent.

<u>Vorschlag für ein Tafelbild</u>

Die Französische Außenpolitik in der Zeit Ludwigs XIV. (1661–1715)

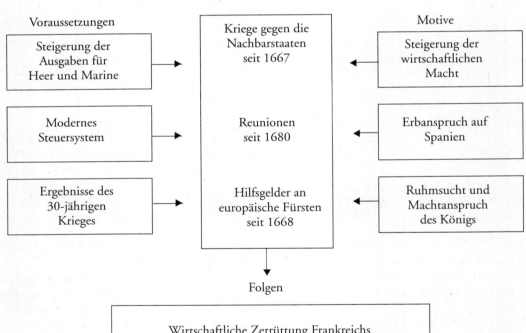

1. Bedeutung von Verträgen

– Verträge als Mittel zum Zweck der eigenen Machterweiterung
– keine ethische Grundhaltung gegenüber geschlossenen Verträgen

2. Polen im 18. Jahrhundert

– kein zentralistisch organisierter Staat
– keine absolute Gewalt des Monarchen
– ungebrochene politische Macht des Adels
– instabile politische Verhältnisse
– großer Einfluß des Auslands auf die polnische Politik

3. Gründe für die Teilungen:

– Reformen in Polen zur Stabilisierung und Erneuerung des Staates
– Aufstände gegen die Eingriffe des Auslands
– Großmächte wollen ihren Einfluß auf das Land nicht verlieren
– Vernichtung des polnischen Staates aus machtpolitischen Gründen

4. Gebietsgewinne

– Rußland gewann das größte Gebiet
– „Ausschalten" des „Unsicherheitsfaktors Polen"
– Gewinn neuer Provinzen und „Industrie"gebiete

5. Begründungen durch Friedrich II. und Katharina II.

– „einem allgemeinen Krieg vorbeugen"
– „Gleichgewicht der Großmächte aufrechterhalten"
– „keine Eroberungslust"
– „Ruhe und Ordnung" herstellen
– „eigene Grenzen sichern"
– Teilung „durch anarchische Zustände" in Polen „herbeigezwungen"
– „nobelste und imposanteste Tat"

6. Beurteilung

– ein machtpolitischer Gewaltakt wird von den Verantwortlichen als eine „notwendige" und „herbeigezwungene" Tat gerechtfertigt.

1. Unterschiede zwischen „höfischem" und „aufgeklärtem" Absolutismus:

Höfischer Absolutismus	Aufgeklärter Absolutismus
religiöse (theologische) Rechtfertigung der Stellung des Herrschers	vernunftmäßige Rechtfertigung der Stellung des Herrschers
Gottesgnadentum	Gesellschaftsvertrag („Gemeinwohl")
Fürst: glanzvoller Mittelpunkt des Staates	Fürst: „erster Diener des Staates"

2. Gemeinsamkeiten:

Anspruch auf uneingeschränkte Souveränität – kein Verzicht auf politische Rechte – Bewahrung der überkommenen ständischen Ordnung (privilegierte Stellung des Adels)

„Auch der sog. aufgeklärte Absolutismus ist Absolutismus geblieben! Denn er schloß eine Mitwirkung der Regierten an der Regierung aus. In mancher Hinsicht haben aufgeklärte Regierungen noch ausdrücklicher auf uneingeschränkter Regierungsgewalt bestanden und sie gegen den Widerstand der an Traditionen und Gewohnheiten hängenden Untertanen zur Geltung gebracht, um Reformen durchzusetzen und die gesellschaftliche und politische Entwicklung in Bahnen zu lenken, die den Forderungen der Vernunft entsprachen"

(Vierhaus, Rudolf: Deutschland im Zeitalter des Absolutismus, Göttingen 1978, S. 148.)

3. Merkmale des aufgeklärten Absolutismus im politischen Testament Friedrichs II. und in seinen Maßnahmen:

Dienst am Staate – Unabhängigkeit von privater Vorteilsnahme – „erster Diener des Staates" – Pflichterfüllung – Sorgfalt bei der Ausübung der Staatsgeschäfte – Abschaffung der Folter – religiöse Toleranz – Herstellung der Rechtsgleichheit.

4. Weisung aus dem Jahre 1777:

Uneingeschränkte Souveränität des Monarchen – Wahrnehmung der Fürsorgepflicht gegenüber allen Untertanen – Schutz der Armen – Gleichberechtigung aller Bürger – Kontrolle der Beamten – strenge Verfolgung von Willkürmaßnahmen der Behörden.

5. Einstellung Friedrichs II. gegenüber den Konfessionen:

Uneingeschränkte Toleranz – Gleichberechtigung aller Glaubensrichtungen – Verhinderung jeglichen Streits zwischen den Konfessionen – strikte Trennung von Staat und Kirche (keine Einmischung der Geistlichen in die Politik).

6. Haltung Friedrichs II. zur Religion:

Distanz, Überheblichkeit und Zynismus – keine religiöse Bindung – Instrumentalisierung der Kirche.

1. Vergleich der Heeresstärken der europäischen Staaten:

Deutliche Unterschiede (zwischen 0,2%: England und 3,2%: Preußen) – Preußen mit 190 000 Soldaten an dritter Stelle (hinter Österreich und Rußland) – Preußen höchster prozentualer Anteil der Soldaten an der Bevölkerung (3,2%!, Schweden: 1,6%, Österreich: 1,5%; übrige Staaten unter 1%).

2. Schlußfolgerungen:

Enorme Aufwendungen für das Heerwesen in Preußen – erhebliche Belastung für den Staatshaushalt (Zurückstellung anderer Aufgaben) – militärische Großmacht trotz geringer Einwohnerzahl – Militarisierung von Staat und Gesellschaft – hohe Wertschätzung der Machtstellung des Staates.

„In keinem anderen Staat ist die militärische Rüstung so sehr zum Antrieb für die innere Staatsbildung, der Besitz militärischer Macht so sehr zum obersten Staatszweck gemacht worden; in keinem anderen wurden die Ressourcen des Landes in solchem Umfang für die Unterhaltung der Armee in Anspruch genommen"

(Kroener, B. R. (Hg.): Europa im Zeitalter Friedrichs des Großen, München 1989, S. 28.)

3. Gesamteinnahmen und Ausgaben für das Heerwesen:

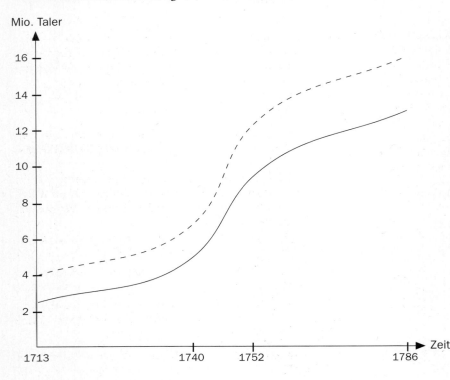

Beschreibung der Entwicklung:
Deutliche Steigerung der Domänenerträge und der Steuern zwischen 1713 und 1786 (stärker als Bevölkerungszunahme!) – fast parallele Entwicklung der Einnahmen und der Aufwendungen für das Heer – signifikant hoher Anteil der Ausgaben für das Heer an den Gesamteinnahmen (zwischen 60 und über 80%!) – Verdoppelung der Steuereinnahmen seit der Annexion Schlesiens (entsprechende Steigerung der Ausgaben für das Heer) – besonders starke Heranziehung der Domänenerträge für das Heer zwischen 1740 und 1752.

4. Zentrale Rolle der Armee im preußischen Staat:

Streben nach Großmachtstellung – Zersplitterung des Staatsgebietes – Bedrohung von außen: (Notwendigkeit ständiger Kriegsbereitschaft) – Expansionsbestrebungen (vgl. M 6).

5. Folgen für den preußischen Staat:

Vorrangstellung der Armee – „Militärstaat" – Zwang zur Steigerung der Staatseinnahmen – Ausrichtung von Gesellschaft und Wirtschaft auf das Heerwesen – Schlüsselposition der Armee – Wirtschaftspolitik im Dienste der Militärpolitik – „Indienststellung aller Kräfte für die Bedürfnisse des Militärs."

6. Verhältnis zwischen Armee und Wirtschaft in Preußen (Skizze):

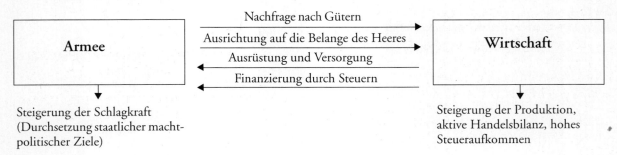

1. Vergleich der deutschen Anlagen mit Frankreich

– Die deutschen Fürsten eiferten Ludwig XIV. nach, ihre Schloßanlagen imitierten diejenigen von Versailles.

2. Größenvergleich

– Frankreich war 15mal größer als Sachsen und Bayern und zirka 40mal größer als Württemberg.
– Sachsen, Bayern und Württemberg zählten zu den größeren Staaten in Deutschland, daneben gab es zahlreiche Klein- und Kleinststaaten, die auch alle ihre Residenzen hatten.

3. Größe und Einnahmen im Vergleich zu den Bauten

– Die Herrscher von Sachsen und Württemberg haben erhebliche Mittel der Staatseinnahmen für den Bau von Schlössern und anderen Gebäuden ausgegeben.
– Die sächsischen Kurfürsten bauten ihre Residenz innerhalb von weniger als hundert Jahren zu einer Hochburg des repräsentativen Barocks aus. (Auf eine Unterscheidung zwischen kurfürstlichen und anderen adligen Bauten sowie auf die gerade in Dresden bedeutende bürgerliche Bautätigkeit muß hier verzichtet werden.)
– Die Herzöge von Württemberg bauten in und um Stuttgart vier Schlösser für ihren Gebrauch, davon allein drei während der Regierungszeit Herzog Karl Eugens.

4. Beurteilung

– Die Bauten der deutschen Fürsten dienten in erster Linie ihrem persönlichen Luxusempfinden und der Repräsentation ihrer Macht.
– Die Worte Colberts hatten die deutschen Fürsten sozusagen verinnerlicht. Für derartig aufwendige Bauten bestand keine wirtschaftliche Notwendigkeit, allenfalls eine ideologische Begründung.

Mögliche Ergänzung:
Der Gesichtspunkt der Beschaffung von Arbeit für handwerkliche Spezialisten in den Residenzen. Diese kamen aber zu der Zeit fast ausschließlich aus dem Ausland, da es in Deutschland an derartigen Handwerkern fehlte.

5. Finanzierung der Bauten

Naheliegend ist die Überlegung, daß in den deutschen Fürstentümern die Steuerbelastung höher als in Frankreich war.
Mögliche Erweiterung:
Vergleich der Bevölkerungszahlen und der Staatseinnahmen (Stichjahr 1740):

	Bevölkerung (in Mio.)	Einnahmen (in Mio. Taler)
Frankreich	ca. 20,0	ca. 60
Sachsen	ca. 1,7	ca. 6
Bayern	ca. 1,0	ca. 5
Württemberg	ca. 0,6	ca. 2

Ergebnis des Vergleichs:
Die deutschen Fürsten konnten mit relativ höheren Einnahmen rechnen als der französische König. Die Pro-Kopf-Einnahmen: in Frankreich 3 Mio. Taler, in Sachsen 3,5 Mio., in Bayern und Württemberg je 5 Mio.

6. Bedeutung des Soldatenhandels

– Ein erheblicher Teil der Einnahmen der deutschen Fürsten rührten aus dem Verkauf von „Landeskindern" als Söldner her.
– Der Inhalt des Schreibens von Gemmingens:
Die Schicksale der Menschen wurden nur als Mittel zur Erreichung eines Staatszieles gesehen: Verringerung der Schuldenlast.
(Siehe dazu auch den Artikel Schubarts in seiner „Deutschen Chronik", A 23, M 3)

7. Überlegungen

– Die Zahl der Verluste betrug: für Hessen-Kassel knapp 40%; für Braunschweig über 50%; für Hessen-Nassau etwa 40%, für Waldeck knapp 60%.

(Zu der Frage nach der Art der Soldatenwerbung eignet sich als Vorlesetext: Johann Gottfried Seume: Mein Leben; in: Stahleder, Erich (Hg.): Absolutismus und Aufklärung. Lesewerk zur Geschichte, Egenhausen bei München 1964, S. 194–202; und in der Taschenbuchausgabe: Lesewerk zur Geschichte Band 5; Goldmann-Taschenbuch Nr. 1816, S. 141 ff. – Siehe dazu auch den Ausschnitt aus Schillers Drama „Kabale und Liebe", A 24, M 3)

1. Das Wesen und die Bedeutung der Aufklärung

„Descartes meinte, das Wesen des Menschen bestehe darin, daß **er denken könne**. Deshalb, so sagte Kant, müsse er seine Unmündigkeit abschütteln und **seinen eigenen Verstand gebrauchen**. Zu diesem Schritt gehört Mut; denn es ist bequemer, **sich von anderen führen und leiten zu lassen**. Voltaire stellte jedoch fest: „Licht ist von vielen verbreitet worden"; d. h. **viele haben diesen mutigen Schritt getan**. So hätten es die Aufklärer erreicht, daß **viele Vorurteile und abergläubische Ansichten beseitigt worden sind**."

2. Beziehungen Leibniz' und Linnés

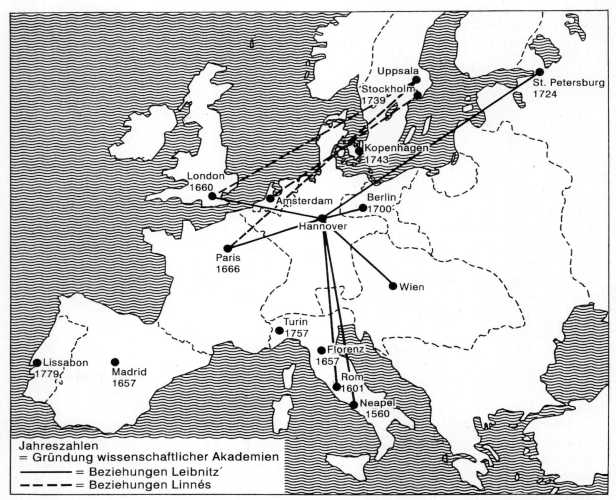

Zeichnung: Günter Bosch, Stuttgart

3. Ausbreitung der Aufklärung

– Übernationale Verflechtung der Wissenschaften im 17. und 18. Jahrhundert
– die Aufklärung war eine internationale europaweite Bewegung

4. Erkenntnisse und Erfindungen

– Newton: Spektralfarben des Lichts, „Newtonsche Ringe", Infinitesimal- und Differentialrechnung, Gravitationsgesetze, Berechnung der Planetenbahnen.
– Leibniz: Infinitesimalrechnung, Differential- und Integralrechnung, Rechenmaschine, duales Zahlensystem.
– Huygens: Berechnung der Pendelschwingungen, Pendeluhren, Federuhren, Wellencharakter des Lichts, Entdeckung des Orionnebels und des Saturnringes.
– Hooke: Elastizitätslehre, Spiralfederuhr, Radbarometer, Mikroskop, Pflanzenzellen.
– Boyle: Druck-Volumen-Gesetz, Luftdichte.
– Linné: Klassifizierung der Pflanzen und Tiere, binäre Bezeichnung der Pflanzen.

5. Gültigkeit der wiss. Leistungen der Aufklärer

Die meisten der wissenschaftlichen Leistungen der Aufklärung haben heute noch ihre Gültigkeit.

6. Erfindungen im 17. und 18. Jahrhundert

Alle genannten Erfindungen stammen aus dieser Zeit: Automat – 1752; Bleistift – Staedtler 1660; Billardspiel – 1707 (in Berlin); Blitzableiter – Franklin 1752; Blutdruckmesser – Hales 1726; Brücken aus Eisen – Darby 1779; Dampfmaschine – Papin 1690/Newcome 1711/Watt 1765; Dreschmaschine – Amboten 1670; Eau de Cologne – Farina 1709; Fallschirm – 1781; Feuerwehrschlauch – 1673; Fieberthermometer – Fahrenheit 1736; Fingerhut – 1696; Füllfederhalter – Scheller 1780; Hartporzellan – Böttger 1709; Heißluftballon – Montgolfier 1783; Papiergeld – 1718; Radfederung – Mill 1706; Schreibmaschine – Mill 1714; Speiseeis – 1671; Spiegelglas – 1688; Stahlschreibfeder – Janssen 1748; Stöckelschuhe – um 1750; Treibhäuser – Boerhave 1710; Überdruck-Kochtopf – Papin 1691; U-Boot – Papin 1692; Ventilator – Partels 1711; Warmwasserheizung – Trienwald 1716; Wasserklosett – 1660.

1. Lebensläufe

– Die Dichter üben nicht ihre erlernten Berufe aus,
– konnten nicht in ihren Heimatländern arbeiten,
– waren zu häufigen Berufs- und Wohnortwechseln gezwungen,
– mußten schlecht bezahlte Tätigkeiten ausüben.
– Lessing wurde daran gehindert, zu sagen, was er für richtig hielt; Schubart wurde des Landes verwiesen und ausgebürgert, ohne Prozeß zehn Jahre lang eingekerkert; Schiller durfte nicht den gewünschten Beruf erlernen, wurde zur Flucht aus der Heimat gezwungen.

2. Anlässe

Folgende Stellen aus den Texten könnten Anstoß erregt haben:
– Lessing: „Alle Religionen sind folglich gleich wahr" = Gleichwertigkeit aller Religionen verstieß gegen die herrschende Auffassung von der Überlegenheit der christlichen Religion;
– Schubart: „Mitbürger … (wie) Sklaven und Schlachtopfer" = absolutistische ‚Untertanen' werden als ‚Bürger' bezeichnet, Anklage gegen die Praxis des Handels mit Menschen;

– Schiller: „Ungleichheit in der Welt", „Warum sind Despoten da?", „Freiheit", „Republik" = Infragestellen der absolutistischen Monarchie und der Ständeordnung.

3. Reaktionen der Fürsten

– Dem Herzog von Braunschweig mißfallen Lessings Ansichten in Religionsfragen;
– dem württembergischen Herzog Schubarts „böse und gotteslästerliche Schreibart" und seine „freventlichste Beleidigung gekrönter Häupter" und Schillers angebliche Beleidigung ausländischer Obrigkeiten.

4. Methoden und Maßnahmen der Fürsten

– Maßnahme des Herzogs von Braunschweig: Zensur und Druckverbot
– Maßnahmen des Herzogs von Württemberg: List und Betrug, widerrechtliche Verhaftung und Einkerkerung (Schubart), Schreibverbot (Schiller).

1. Bedeutung von Magen und Glieder

Glieder: bei Hagedorn die „Untertanen", bei Fischer die gesamte „Nation"/„revolutionäre Bürger"
Magen: bei Hagedorn die „Obrigkeit", bei Fischer „die königliche Gewalt".

2. Verhältnis der Glieder zum Magen

Der Magen (die Obrigkeit) sorgt in Hagedorns Fabel für „Schutz, Unterhalt und Ruhe", die Glieder (die Untertanen) müssen der Obrigkeit dienen; Fischer: der Magen „ißt und nützt zugleich", die meisten Monarchen pressen das Volk aus und nützen gar nichts.

3. Stellung zum herrschenden System

Hagedorn: das herrschende System ist eine gerechte Ordnung;
Fischer: Aufruf zur Veränderung der herrschenden Zustände.

4. Obrigkeit und Untertanen und deren Verhältnis zueinander

Obrigkeit wird verkörpert durch den Löwen, den Bären und den Adler; die Untertanen durch den Esel, den Fuchs und den Sperber. Der Löwe benutzt den Esel für seine Zwecke; der Fuchs erkennt die Macht des Bären und unterwirft sich ihm gezwungenermaßen; der Adler genießt ungeniert seine Macht und nimmt auf seine Untertanen keine Rücksicht.

5. Was wird kritisiert?

Lessing: der Mächtige benutzt den Untertan und verachtet ihn;
Claudius: Verachtung der Mächtigen gegenüber den Untertanen („Vieh!") und die erzwungene und erwartete Unterwerfung unter die Macht;
Moser: Verschwendungssucht der Fürsten angesichts des hungernden Volkes.

6. Fabel als Schutz

Eine direkte Kritik konnte Maßnahmen der Obrigkeit herausfordern; indem die Kritik in die Form von Tierfabeln gekleidet wurde, gewährte die Fabel einen gewissen Schutz.

7. Direkte Kritiken

Bürger kritisiert: die Jagdlust der Fürsten und die damit verbundene Verwüstung der Felder der Bauern durch das zahlreiche Wild, ohne daß die Bauern sich dagegen wehren durften. Daraus entwickelt Bürger allgemein eine Kritik an der absolutistischen Herrschaft.
Schiller: gegen die Praxis des Soldatenhandels

8. Beurteilung der Berechtigung der Kritiken

Kritik an offensichtlichen Unrechttaten der Fürsten, an Ungerechtigkeiten gegenüber dem Volk.

Literaturverzeichnis

Anderson, Perry: Die Entstehung des absolutistischen Staates, Frankfurt/M. 1979

Aretin, Karl Otmar Freiherr von (Hg.): Der Aufgeklärte Absolutismus, Köln 1974

Barudio, Günter: Das Zeitalter des Absolutismus und der Aufklärung: 1648–1779, Frankfurt/M. 1981

Best, Otto F.: Aufklärung und Rokoko, Stuttgart 1976

Blaich, Fritz: Die Epoche des Merkantilismus, Wiesbaden 1973

Bluche, François: Im Schatten des Sonnenkönigs. Alltagsleben im Zeitalter Ludwigs XIV., Freiburg 1986

Braudel, Fernand: Sozialgeschichte des 15.–18. Jahrhunderts, München 1983

Burke, Peter: Ludwig XIV. Die Inszenierung des Sonnenkönigs, Frankfurt/M. 1995

Duchhardt, Heinz: Das Zeitalter des Absolutismus, München 1989

Dülmen, Richard van: Die Gesellschaft der Aufklärer. Zur bürgerlichen Emanzipation und aufklärerischen Kultur in Deutschland, Frankfurt/M. 1986

Elias, Norbert: Die höfische Gesellschaft, Frankfurt/M. 1983

Foerster, Rolf H.: Das Barockschloß. Geschichte und Architektur, Köln 1987

ders.: Die Welt des Barock, München/Wien/Basel 1970

Gaxotte, Pierre: Friedrich der Große, Frankfurt/M./Berlin/Wien 1973

ders.: Ludwig XIV. Frankreichs Aufstieg in Europa, Frankfurt/M. 1988

Gerstenberg, Kurt/Wagner, Eva-Maria: Baukunst des Barock in Europa, Frankfurt/M. 1961

Goubert, Pierre: Ludwig XIV. und zwanzig Millionen Franzosen, Berlin 1973

Greschat, Martin (Hg.): Die Aufklärung, Stuttgart 1983

Grimminger, Rolf (Hg.): Deutsche Aufklärung bis zur Französischen Revolution 1680–1789 = Hansers Sozialgeschichte der deutschen Literatur Band 3, München 1980

Hinck, Walter: Europäische Aufklärung, in: Neues Handbuch der Literaturwissenschaft Band 11, Frankfurt/M. 1974

Hinrichs, Ernst (Hg.): Absolutismus, Frankfurt/M. 1986

ders.: Ancien Régime und Revolution, Frankfurt/M. 1989

Hubatsch, Walther (Hg.): Absolutismus, Darmstadt 1973

Jahn, Ilse u. a. (Hg.): Geschichte der Biologie, Jena 1985

Krockow, Christian Graf von: Friedrich der Große, München 1993

Kroener, Bernhard R. (Hg.): Europa im Zeitalter Friedrichs des Großen, München 1989

Kruedener, Jürgen Freiherr von: Die Rolle des Hofes im Absolutismus, Stuttgart 1973

Kunisch, Johannes (Hg.): Staatsverfassung und Heeresverfassung in der europäischen Geschichte der frühen Neuzeit, Berlin 1986

Lehmann, Hartmut: Das Zeitalter des Absolutismus, Stuttgart 1980

Leprince-Ringuet, Louis (Hg.): Die berühmten Erfinder, Physiker und Ingenieure, Köln o. J.

Mager, Wolfgang: Frankreich vom Ancien Régime zur Moderne, Stuttgart 1980

Meyer, Jean: Frankreich im Zeitalter des Absolutismus 1515–1789, Stuttgart 1990

Mieck, Ilja: Europäische Geschichte der frühen Neuzeit, Stuttgart 1981

ders.:(Hg.): Europäische Wirtschafts- und Sozialgeschichte von der Mitte des 17. bis zur Mitte des 19. Jahrhunderts, Stuttgart 1993

Moebius, Helga: Die Frau im Barock, Stuttgart 1982

Muchembled, Robert: Volkskultur und Kultur der Eliten im Frankreich Ludwigs XIV., Stuttgart 1982

Mühleisen, Hans-Otto/Stammen, Theo (Hg.): Politische Tugendlehre und Regierungskunst. Studien zum Fürstenspiegel der frühen Neuzeit, Tübingen 1990

Norberg-Schulz, Christian: Architektur des Barock, Stuttgart/Mailand 1975

Oestreich, Gerhard: Geist und Gestalt des frühmodernen Staates, Berlin 1969

ders.: Verfassungsgeschichte vom Ende des Mittelalters bis zum Ende des alten Reiches, München 1974

Schieder, Theodor: Friedrich der Große, Frankfurt/M. 1986

Schlenke, Manfred: Preußen-Ploetz, Freiburg/Würzburg 1987

Schütz, Hans J.: Vernunft ist immer republikanisch. Texte zur demokratischen Tradition in Deutschland 1747–1807, Modautal-Neunkirchen 1977

Schwesig, Bernd Rüdiger: Ludwig XIV., Reinbek 1986

Stolleis, Michael: Staat und Staatsräson in der frühen Neuzeit, Frankfurt/M. 1990

ders.: Pecunia Nervus Rerum. Zur Staatsfinanzierung in der frühen Neuzeit, Frankfurt/M. 1983

Thadden, Rudolf von/Magdelaine, Michelle (Hg.): Die Hugenotten 1685–1985, München 1985

Treue, Wilhelm (Hg.): Preußens großer König. Leben und Werk Friedrichs des Großen, Freiburg/Würzburg 1986

Trevor-Roper, Hugh (Hg.): Die Zeit des Barock, München 1981

Vierhaus, Rudolf: Staaten und Stände. Vom Westfälischen bis zum Hubertusburger Frieden, Berlin 1984

ders.: Deutschland im 18. Jahrhundert, Göttingen 1987

Wußing, Hans (Hg.): Geschichte der Naturwissenschaften, Köln 1983

Wuthenow, Ralph Rainer (Hg.): Zwischen Absolutismus und Aufklärung = Deutsche Literatur. Eine Sozialgeschichte Band 4, Reinbek 1980

Zeeden, Ernst Walther: Europa im Zeitalter des Absolutismus und der Aufklärung, Stuttgart 1981